AF389556

HISTOIRE

DE LA

RÉVOLUTION FRANÇAISE.

—

TOME VI.

IMPRIMERIE DE A. BARBIER,
rue des Marais S. G. n. 17.

MORT DE MARAT

HISTOIRE POPULAIRE

DE

LA RÉVOLUTION

FRANÇAISE,

PAR

M. HORACE RAISSON,

AUTEUR DE L'HISTOIRE POPULAIRE DE NAPOLÉON
ET DE LA FAMILLE BONAPARTE.

TOME SIXIÈME.

PARIS,

CHARLES MARIN, EDITEUR,
RUE GRANGE AUX BELLES, N. 3.
ET CHEZ LES MARCHANDS DE NOUVEAUTÉS

1831.

HISTOIRE POPULAIRE

DE LA

RÉVOLUTION FRANÇAISE.

CHAPITRE PREMIER.

Fuite des Girondins, — Toulon se rend aux Anglais.
— Siége de Lyon. — Jugement et condamnation
de Marie-Antoinette.

La mort de Marat avait jeté l'effroi
parmi les montagnards de la Convention;
chacun d'eux croyait voir un poignard sus-
pendu sur sa tête. D'un autre côté la situation de la république semblait désespérée.
La nouvelle de l'insurrection étant arrivée à Lyon, aussitôt la révolte avait été
décidée, la ville mise en état de défense:
des fortifications avaient été élevées, et
une armée de vingt mille hommes s'était
organisée dans ses murs, sous les ordres
du marquis de Précy.

Marseille s'était également soulevée à

la nouvelle de la proscription des Girondins, auxquels elle était dévouée. Les sections s'étaient réunies et avaient mis hors la loi les membres du tribunal révolutionnaire. On avait en même temps arrêté les deux conventionnels Beaux et Antiboul, et levé une armée de dix mille hommes. En même temps, les désastres de nos armées se multipliaient. Au nord, Dampierre, après avoir été contraint de battre en retraite devant des forces supérieures, avait perdu la vie ; et Custines, appelé de l'armée de la Moselle pour lui succéder, n'avait pas été plus heureux. Valenciennes et Condé avaient ouvert leurs portes, et l'armée s'était retirée derrière la Scarpe, en avant d'Arras, dernière position de retraite jusqu'à Paris, tandis que d'un autre côté Mayence avait capitulé.

Partout, du nord aux Pyrénées, les armées républicaines étaient battues : les Girondins à l'ouest, les Vendéens au sud-ouest, les Marseillais au midi, et les Lyonnais au centre, menaçaient la Convention. Mais bientôt les choses changèrent de face, et la France répondit par des victoires aux attaques de ses ennemis. Un petit corps de seize cents hommes surprend, auprès de Vernon, l'armée des insurgés du Calvados, sous les ordres du marquis de Puysaie, chef vendéen, la met en fuite presque sans coup férir, et ruine, par cette seule défaite, le parti des Girondins. Une victoire remportée par le général Carteaux à Tarascon sur les Marseillais, qui déjà se dirigeaient vers Paris, anéantit cette seconde insurrection. Bordeaux, Montauban, Nîmes et les autres villes fédérées ouvrent leurs portes ; Lyon seule refuse de se soumettre. Trahie, abandonnée par ses généraux, la coalition départementale fut promptement dissoute. Les députés proscrits se retirèrent, n'ayant pour escorte que le bataillon du Finistère, qui les accompagna jusqu'à Dinan. Ne voulant point exposer ce bataillon, ils s'en séparèrent et entreprirent de se rendre seuls à Quimper. Voici comment Louvet, l'un d'eux, rend compte de cet événement:

« Voici le moment de savoir quels é

combien nous étions : Pétion , Barbaroux, Salles , Buzot , Cussy , Lesage , Bergomy, Giroust , Meillan et moi , puis Girey-Dupré et un digne jeune-homme nommé Riouffe , qui était venu nous trouver à Caen ; enfin , nos six guides. Buzot avait encore son domestique tout aussi bien armé que nous ; en tout dix-neuf. Il nous manquait Lanjuinais , qui n'avait fait que passer à Caen pour nous embrasser ; Quadet, qui s'écartait toujours du bataillon, ne s'étant pas trouvé à Dinan au moment critique, fut obligé de continuer seul vers Quimper, par la grande route, où il ne fut point reconnu ; Valady , resté en arrière avec son ami , et qui nous rejoignit ensuite par une suite d'aventures très-favorables ; Larivière, resté long-temps du côté de Falaise ; Duchâtel et Kervelegan, partis d'avance pour les environs de Quimper, où ils devaient préparer nos logemens ; Mollevaut, président de la commission des douze ; il nous avait laissés depuis quelques jours ; l'Espagnol Marchena , digne ami de Bristot ; enfin Gorsas, qui était allé avec sa fille à Rennes, où il avait des amis. »

Ce ne fut qu'après avoir couru beaucoup de dangers et enduré de grandes fatigues, qu'ils arrivèrent dans les environs de Quimper, où ils se cachèrent en attendant un bâtiment qui devait les conduire à Bordeaux. Treize d'entre eux s'embarquèrent dans un frêle canot, le 21 août : les cinq autres ne partirent qu'un mois après ; mais dès qu'ils furent réunis à Bordeaux, ils se trouvèrent exposés aux mêmes dangers qui leur avaient fait quitter la Bretagne ; poursuivis sans relâche, repoussés partout, plusieurs furent arrêtés et exécutés ; le désespoir et la faim mirent un terme aux souffrances de quelques-uns ; très-peu d'entre eux parvinrent à se sauver.

Les dominateurs de la Convention triomphaient ; la terreur était organisée. et l'homme le plus intrépide ne pouvait sans effroi songer à l'avenir. Des milliers de têtes tombaient sur l'échafaud ; et il semblait que l'anéantissement de la France fût le but de ceux qui s'étaient faits ses maîtres.

La ville de Mayence, après avoir soutenu un long siége, venait de se rendre. Valenciennes, bombardée pendant six semaines et presque détruite, fut forcée de capituler. Une disette affreuse désolait les habitans de Paris. Enfin, le tribunal révolutionnaire, malgré son activité, ne parut bientôt plus assez expéditif au gré des dominateurs : une seconde section fut organisé pour doubler la vitesse de son action, et cette section fut composée du même nombre de juges que la première. Ce fut dans la séance du 29 juillet que le comité de salut public imagina de donner au tribunal ce redoutable auxiliaire.

L'Angleterre ne négligeait rien pour susciter partout des ennemis à la France. Pitt, président du conseil britannique, fut solennellement proclamé, dans la convention, *l'ennemi du genre humain.*

Dans les premiers jours d'août, Barrère monta à la tribune, et fit, au nom du comité de salut public, un rapport à la suite duquel il proposa les mesures les plus énergiques : « La liberté, dit-il, est devenue créancière de tous les citoyens : les uns lui doivent leur industrie, les autres leur fortune ; ceux-ci leurs conseils, ceux-là leurs bras ; tous lui doivent leur sang. Ainsi donc, tous les Français, tous les sexes, tous les âges, sont appelés par la patrie à défendre la liberté ; toutes les facultés physiques ou morales, tous les moyens politiques et industriels lui sont acquis ; tous les métaux, tous les élémens sont ses tributaires. Que chacun occupe son poste dans ce mouvement national qui se prépare. Il faut que le même jour vous frappiez l'Angleterre, l'Autriche, la Vendée, le Temple et les Bourbons. Il faut qu'au même instant les accapareurs, les royalistes et les agens des puissances coalisées soit accablés. Il faut que la terrible loi de représailles soit enfin exécutée sur les étrangers qui, abusant de l'hospitalité, la première vertu d'un peuple libre, viennent le corrompre, paralyser ses moyens, ou tramer des perfidies au milieu de nous,

Il faut que l'Autriche frémisse, que la royauté soit extirpée dans ses racines, que la Vendée soit comprimée par des moyens violens, et que nos frontières cessent d'être déshonorées par des hordes barbares. »

Barrère propose ensuite l'établissement d'un camp intermédiaire entre Paris et l'armée du Nord, l'envoi de nouveaux commissaires dans cette armée. Il propose en outre de transporter en poste l'armée de Mayence dans la Vendée, d'envoyer des matières combustibles de toute espèce pour incendier les bois, les taillis, les genêts de la Vendée; d'abattre les forêts, d'abattre les récoltes, de saisir les bestiaux, etc.

La Convention, après avoir entendu ce rapport, décrète la levée en masse de tous les Français depuis dix-huit ans jusqu'à vingt-cinq. Aussitôt tout est en mouvement: des réquisitions nombreuses de citoyens se rendent aux armées; d'immenses approvisionnemens sont préparés. En peu de temps, la France eut un million d'hommes sous les armes. En même temps, le gouvernement s'occupait des moyens d'effacer les impressions défavorables qu'avaient laissées sur les esprits les attentats du 2 juin. La Convention improvisa en quelques jours une constitution républicaine, qui n'était que le squelette de la constitution de 1791.

On y traitait les constitutionnels comme des aristocrates. La loi qu'ils avaient établie était regardée comme une infraction aux droits du peuple, en ce qu'elle imposait des conditions pour l'exercice des fonctions publiques, ne consacrait pas l'égalité la plus absolue; en ce qu'elle bornait, en certains cas, la souveraineté de la nation, et excluait des charges un grand nombre de citoyens; enfin, parce qu'au lieu de fixer, pour base unique des droits, la population, elle la combinait dans toutes ses opérations avec la fortune. La constitution de 1793, non-seulement reconnaissait le peuple comme la source de tous les pouvoirs, mais encore elle lui en conférait l'exercice; elle lui déléguait une souveraineté sans bornes, et voulait une mobilité continuelle dans les charges. Chacun pouvait concourir aux élections, et les assemblées primaires devaient se réunir, sans convocation, à un temps marqué, pour nommer les représentans. La même mutation devait exister pour l'assemblée nationale. Tous les ans elle aurait été renouvelée, et, tous les ans aussi, les membres sortis de fonctions eussent été comptables au peuple de leur vote et de leurs actes.

Cette constitution, soumise à l'approbation des quarante-huit mille communes, fut unanimement acceptée, moins une seule commune : elle donna lieu à un nouveau serment civique, et le 10 août l'inauguration en fut célébrée à Paris.

Pour appuyer toutes ces mesures violentes et en assurer l'exécution, il fallait une force agissante et dévouée : on créa une armée révolutionnaire. Ce fut Chaumette, procureur de la commune de Paris, qui vint, le 4 septembre, à la tête d'une nombreuse députation, en faire la demande à la barre de la Convention, et en solliciter la prompte organisation. La Convention n'eut garde de ne jeter la proposition de Chaumette : six mille soldats et douze cents canonniers furent chargés de la défense de l'intérieur, et spécialement de préserver l'état des entreprises contre-révolutionnaires.

Par suite de la vigueur que déployait le gouvernement, les prisons furent bientôt encombrées ; il fallut en créer de nouvelles, et le palais du Luxembourg fut converti en prison.

Le 28 août, le général Custine, arrêté depuis long-temps, fut condamné et exécuté. Robespierre, devenu membre du Comité de salut public, redoublait d'efforts pour augmenter chaque jour le nombre des victimes : la moindre accusation envoyait à la mort le citoyen le plus recommandable, et de nombreuses exécutions décimaient les habitans de la France.

Cependant ces moyens violens ne produisaient pas, sur tous les points de la république, l'effet qu'en attendait la Convention. Déjà, depuis quelque temps, les décrets de la Convention ne recevaient plus d'exécution à Toulon. On avait fait brûler dans cette ville, par la main du bourreau, sur la place publique, la constitution de 1793. Malheureusement, ces mouvemens insurrectionnels, que légitimaient en quelque sorte les actes de férocité du gouvernement, se terminèrent par une mesure dont la loyauté et le patriotisme français eurent à gémir, et qui tendait à démembrer la France au profit de l'Angleterre, son éternelle rivale. Toulon livra son port, sa flotte, ses fortifications puissantes à l'amiral Hood, qui croisait alors dans la Méditerranée, et qui avait puissamment travaillé à fomenter cette révolte.

D'un autre côté, les troubles de Lyon prenaient un caractère alarmant pour la Convention ; les préparatifs de cette ville annonçaient un plan de défense combiné, et la ferme résolution de résister à ses efforts.

Résolue à tout braver, la Convention fit marcher des troupes sur le Midi, et l'ordre fut envoyé à Dubois-Crancé de faire le siége de la ville insurgée. « Si Lyon ne cède pas à la force des armes, écrivait Danton, il faut la réduire en cendres, et ne pas laisser pierre sur pierre. »

Un corps formidable, divisé en trois colonnes, marcha alors sur Lyon; il y eut une première action le 8 août, où les assiégés furent vainqueurs. Alors les généraux de la Convention bombardèrent la ville, et, après plusieurs combats, les assaillans parvinrent à s'emparer de presque tous les postes extérieurs.

Le 18 août, Dubois-Crancé écrivit au comité de salut public que Lyon ne pouvait plus tenir, que si la rébellion durait encore la ville serait incendiée. et que le voyageur chercherait en vain sur quelle rive du Rhône Lyon avait existé. Malgré cette prophétie, il s'écoula plus de cinquante jours encore avant que Lyon, en proie à la famine et sans munitions de guerre, ouvrit ses portes à l'armée de la république.

Lyon continua donc à se défendre avec

ses huit mille volontaires contre une armée formidable, contre la famine et contre les désastres qu'amenait son bombardement. De nouvelles batteries furent dressées à cette époque, jusque vers les premiers jours d'octobre, contre ses principaux édifices, et les mirent en ruines. On observa que, dans une seule nuit, les bombes mirent le feu quarante-sept fois de suite à son grand et bel hôpital, et que les assiégés l'éteignirent autant de fois, au péril de leur vie : enfin le feu prit à l'arsenal, fit sauter ses quatre magasins, et embrasa cent dix maisons qui l'environnaient. Précy, le gouverneur de la place, sentit alors qu'il n'était plus possible qu'elle tînt, et, la nuit du 8 au 9 octobre il sortit de ses remparts, à la pointe du jour, en ordre de bataille, à la tête de quinze cents hommes. Cette colonne fut arrêtée et à moitié détruite sur les hauteurs du mont d'Or, par un corps innombrable de paysans; mais le général, son état-major et son corps d'élite parvinrent à se réfugier en Suisse.

Aussitôt après le départ du commandant et de la garnison, Lyon ouvrit ses portes aux assiégeans : le siége avait duré soixante-trois jours. On voit, par le rapport fait à la Convention, qu'on avait jeté dans la place vingt-huit mille bombes, et qu'il en avait coûté trois cent mille livres de poudre pour en opérer la ruine et l'embrasement.

Les suites de ce siége furent terribles : la Convention, sous le prétexte de faire punir les coupables, envoya à Lyon, avec des pouvoirs illimités, Collot-d'Herbois, qui surpassa son attente. Ce représentant créa en même temps un comité de démolition contre les édifices, et un tribunal révolutionnaire contre les hommes. Plus de quatre mille victimes furent sacrifiées, et un grand nombre d'édifices entièrement rasés.

Cependant la Convention avait acquis la certitude que, du fond de sa prison, la veuve de Louis XVI entretenait des intelligences avec l'étranger, et qu'elle avait encore assez de crédit pour influencer les déterminations des cabinets germaniques.

La découverte de ces manœuvres ne pouvait que hâter le procès de Marie : sur la proposition de Robespierre, la Convention avait rendu, le 1er août, un décret portant :

« 1°. Marie-Antoinette est renvoyée au tribunal extraordinaire. Elle sera transférée sur-le-champ à la Conciergerie.

« 2°. Tous les individus de la famille Capet seront déportés hors du territoire de la république, à l'exception des deux enfans de Louis Capet, et des individus de la famille qui sont sous le glaive de la loi.

« 3°. Élisabeth Capet ne pourra être déportée qu'après le jugement de Marie-Antoinette.

« 4°. Les membres de la famille Capet, qui sont sous le glaive de la loi, seront déportés après le jugement, s'ils sont absous. »

La nuit suivante, et quelques heures

seulement après l'adoption de ce décret, la Reine avait été transférée du Temple à la Conciergerie. Le 12 octobre, elle subit son premier interrogatoire, et, le 13, un juge, un greffier, deux huissiers vinrent lui notifier son acte d'accusation, qu'elle écouta sans proférer une parole ; et, sur sa déclaration qu'elle n'avait choisi aucun défenseur, on lui en désigna deux : Tronçon-Ducoudray et Chauveau-Lagarde.

Le 14 octobre, à huit heures du matin, Marie-Antoinette est conduite devant le tribunal révolutionnaire, présidé par Hermann. Une foule immense remplissait la salle. Voici l'interrogatoire que subit la veuve de Louis :

« Quel est votre nom ? — Marie-Antoinette de Lorraine d'Autriche.

« Votre état ? — Je suis veuve de Louis XVI, roi des Français.

« Votre âge ? — Trente-huit ans. »

Après ces questions préliminaires, le greffier donne lecture de l'acte d'accusation.

« Antoine-Quentin Fouquier, accusateur

public près le tribunal de Paris , expose
qu'examen fait de toutes les pièces concer-
nant la veuve de Capet , il en résulte
qu'à l'instar des Messaline , Brunehaut ,
Frédégonde et Médicis , que l'on qualifiait
autrefois reines de France , et dont les
noms à jamais odieux ne s'effaceront pas
des fastes de l'histoire , Marie-Antoinette ,
veuve de Louis Capet , a été , depuis son
séjour en France , le fléau et la sangsue
des Français ; qu'avant même l'heureuse
révolution qui a rendu au peuple français
sa souveraineté , elle avait des liaisons politiques avec l'homme qualifié de *roi de
Bohême et de Hongrie ;* que ces rapports
étaient contraires aux intérêts de la France ;
que , non contente , de concert avec les
frères de Louis Capet et l'infâme et exécrable Calonne , alors ministre des finances , d'avoir dilapidé , d'une manière effroyable , les finances de la France , fruit
des sueurs du peuple , pour satisfaire à des
plaisirs désordonnés , et payer les agens
de ses intrigues criminelles , il est notoire
qu'elle a fait passer , à différentes époques ,

à l'Empereur des millions qui lui ont servi et lui servent encore à soutenir la guerre contre la république, et que c'est par ces dilapidations excessives qu'elle est parvenue à épuiser le trésor national. »

Marie-Antoinette était en outre accusée, à l'intérieur, de la contre-révolution ; d'avoir ménagé le repas des gardes-du-corps du 1er octobre 1789, et d'y avoir fait arborer la cocarde blanche et fouler aux pieds la cocarde nationale ; d'avoir occasioné la disette qui, à cette époque, avait affligé Paris et les environs ; d'avoir tenu dans son palais des conciliabules contre-révolutionnaires ; d'avoir préparé l'évasion du Roi au mois de juin 1791 ; évasion, disait-on, concertée avec La Fayette, favori, sous tous les rapports, de la veuve Capet, et par Bailly, alors maire de Paris ; d'avoir fait nommer des ministres pervers ; d'avoir médité et combiné la conspiration *du* 10 *août* ; d'avoir, dans cette journée, excité les Suisses à tirer sur le peuple ; d'avoir travaillé à faire des cartouches et mordu des balles ; enfin d'avoir, par l'influence qu'elle avait acquise sur Louis Capet, insinué à celui-ci les trames ténébreuses et liberticides qu'il n'a cessé d'ourdir.

» Enfin, portait l'acte, la veuve Capet, immorale sous tous les rapports et nouvelle Agrippine, est si perverse et si familière avec tous les crimes, qu'oubliant sa qualité de mère et la démarcation prescrite par les lois de la nature, elle n'a pas craint de se livrer avec Louis-Charles Capet, son fils, à des indécences dont l'idée et le nom seul font frémir d'horreur.

» D'après l'exposé ci-dessus, l'accusateur public a dressé la présente accusation contre Marie-Antoinette, se qualifiant, dans son interrogatoire, de Lorraine d'Autriche, veuve de Louis Capet, pour avoir méchamment et à dessein,

» 1° De concert avec les frères de Louis Capet et l'infâme ex-ministre Calonne, dilapidé d'une manière effroyable les finances de la France ; d'avoir fait passer des sommes incalculables à l'Empereur, et d'avoir ainsi épuisé le trésor national ;

» 2° D'avoir , tant par elle que par ses agens contre-révolutionnaires, entretenu des intelligences et des correspondances avec les ennemis de la république , et d'avoir informé ou fait informer ces mêmes ennemis des plans de campagne et d'attaque convenus et arrêtés dans le conseil ;

» 3° D'avoir , par ses intrigues et manœuvres et celles de ses agens, tramé des conspirations et des complots contre la sûreté intérieure et extérieure de la France, et d'avoir à cet effet allumé la guerre civile dans divers points de la république, et armé des citoyens les uns contre les autres; et d'avoir, par ce moyen, fait couler le sang d'un nombre incalculable de citoyens. »

Les témoins sont alors appelés : l'un d'eux, nommé Lecointe, ancien commandant de la garde nationale de Versailles , député de la Convention , fait le détail des fêtes qui ont eu lieu à Versailles depuis 1779 jusqu'en 1789; fêtes qui, dit-il, ont occasioné la dilapidation des finances; il raconte ensuite tous les détails du banquet des gardes-du-corps.

Ici le président s'adresse à l'accusée :

« Vous convenez avoir été dans la salle des ci-devant gardes-du-corps: y étiez-vous lorsque la musique a joué l'air : *O Richard! ô mon Roi!* — Je ne me le rappelle pas.

» Y étiez-vous lorsque la santé de la nation fut proposée et rejetée ? — Je ne le crois pas.

» Il est notoire que le bruit de la France entière, à cette époque, était que vous aviez visité vous-même les trois corps d'armée qui se trouvaient à Versailles, pour les engager à défendre ce que vous appeliez *les prérogatives du trône.* — Je n'ai rien à répondre.

» Avant le 14 juillet 1789 ne teniez-vous pas des conciliabules nocturnes où assistait *la* Polignac, et n'était-ce pas là que l'on délibérait sur les moyens de faire passer des fonds à l'Empereur? — Je n'ai jamais assisté à aucuns conciliabules.

» A quelle époque avez-vous employé les sommes immenses qui vous ont été remises par les différens contrôleurs des finances? — On ne m'a jamais remis de sommes immenses; celles qu'on m'a remises ont été par moi employées à payer les gens qui m'étaient attachés.

« Pourquoi la famille Polignac et plusieurs autres personnes ont-elles été par vous gorgées d'or ? — Elles avaient des places à la cour qui leur procuraient des richesses. »

Le nommé Roussillon, chirurgien et canonnier, dépose ensuite que, le 10 août, étant entré dans la chambre de la Reine, il trouva sous le lit des bouteilles, les unes pleines, les autres vides, d'où il avait conclu qu'elle avait donné à boire aux Suisses et aux *chevaliers du poignard*.

Le président : « Avez-vous quelques observations à faire contre la déposition du témoin ? — J'étais sortie du château, et j'ignore ce qui s'y est passé.

« N'avez-vous pas donné de l'argent pour faire boire les Suisses ? — Non.

« N'est-ce pas chez vous que se sont assemblés les ci-devant nobles et les officiers suisses qui étaient au château ; et n'est-ce pas là que l'on a arrêté de faire feu sur le peuple ? — Personne n'est entré dans mon appartement.

« N'avez-vous pas eu un entretien avec d'Affry, dans lequel vous l'avez interpelé de répondre si l'on pouvait compter sur les Suisses pour faire feu sur le peuple ; et sur la réponse négative qu'il vous fit, n'avez-vous pas employé tour-à-tour les cajolemens et les menaces ? — Je ne crois pas avoir vu d'Affry ce jour-là. »

Vient ensuite le substitut du procureur de la commune, Hébert, rédacteur du cynique journal *le Père Duchêne*, lequel, après avoir rapporté quelques faits sans importance, s'exprime ainsi :

« J'ose accuser, d'après le témoignage de Simon et de prétendus aveux du jeune Dauphin, la Reine et madame Élizabeth d'un commerce infâme et incestueux avec cet enfant, et de lui avoir enseigné le funeste et honteux secret d'épuiser son tempérament, dans l'espoir politique d'énerver le physique d'un jeune prince destiné à régner, et de s'assurer, par cette manœuvre, le droit de régner sur son moral.

Le président : « Qu'avez-vous à répondre ? — Je n'ai aucune connaissance des faits dont parle Hébert; je sais seulement que le cœur dont il parle a été donné à mon fils par sa sœur. A l'égard du chapeau dont il a également parlé, c'est un présent fait à la sœur du vivant du frère. »

Un des jurés ayant fait observer que l'accusée ne répondait pas sur le fait relatif à ce qui s'était passé entre elle et son fils, elle s'écria : « Si je n'ai point répondu, c'est que la nature se refuse à répondre à une pareille inculpation adressée à une mère. » Puis, tournant vers l'auditoire des yeux où se peignent le mépris et l'indignation, elle dit : « J'en appelle à toutes les mères qui peuvent m'entendre. »

La déposition de Bailly fut sans importance : il déclara n'avoir pas reçu de la Reine l'ordre de faire tirer sur le peuple au Champ-de-Mars.

Latour-Dupin, ancien ministre de la guerre, appelé comme témoin, dépose que la Reine lui a demandé l'état des armées.

« N'était-ce pas pour la faire passer au roi de Bohême et de Hongrie ? — Comme cela était public, il n'était pas besoin que je lui en fisse passer l'état ; les papiers publics auraient pu assez l'en instruire.

» Quel était donc le motif qui vous faisait demander cet état ? — Comme le bruit courait que l'assemblée voulait qu'il y eût des changemens dans l'armée, je désirais savoir l'état des régimens qui seraient supprimés.

» N'avez-vous pas abusé de l'influence que vous aviez sur votre époux, pour en tirer des bons sur le trésor public ? — Jamais.

» Où avez-vous donc pris l'argent avec lequel vous avez fait construire et meubler le petit Trianon, où vous donniez des fêtes dont vous étiez toujours la déesse ? — Avec un fonds que l'on avait destiné à cet effet. »

Chauveau-Lagarde et Tronçon-Ducoudray prirent successivement la parole, et ne négligèrent aucun des moyens qui pouvaient faire triompher la défense: mais leur zèle devait être sans succès.

Après leur plaidoyer, le président fit le résumé des débats, qu'il termina en posant les questions suivantes :

1° Est-il constant qu'il ait existé des manœuvres et intelligences avec les puissances étrangères et autres puissances extérieures de la république, lesdites manœuvres et intelligences tendant à leur fournir des secours en argent, à leur donner entrée sur le territoire français, et à y faciliter les progrès de leurs armes ?

2° Marie-Antoinette d'Autriche, veuve de Louis Capet, est-elle convaincue d'avoir coopéré à ces manœuvres et d'avoir entretenu ces intelligences ?

3° Est-il constant qu'il a existé un complot et une conspiration tendant à allumer la guerre civile dans l'intérieur de la république ?

4° Marie-Antoinette d'Autriche, veuve de Louis Capet, est-elle convaincue d'avoir participé à ce complot et à cette conspiration ?

Une heure suffit à la délibération des

jurés, et leur réponse est affirmative sur toutes les questions.

Lorsque la déclaration du jury fut connue, le président dit : « Si les citoyens qui remplissent l'auditoire n'étaient pas des hommes libres, et par cette raison capables de sentir toute la dignité de leur être, je devrais peut-être leur rappeler qu'au moment où la justice nationale va prononcer, la raison, la moralité leur commandent le plus grand calme ; que la loi leur défend tout signe d'approbation, et qu'une personne, de quelques crimes qu'elle soit couverte, une fois atteinte par la loi, n'appartient plus qu'au malheur et à l'humanité. »

Absente pendant la délibération du jury, Marie-Antoinette est bientôt ramenée pour en entendre la lecture, après laquelle le président prononça ce jugement :

« Le tribunal, d'après la déclaration unanime du jury, condamne Marie-Antoinette, dite Lorraine d'Autriche, veuve de Louis Capet, à la peine de mort ; déclare ses biens, si aucuns elle a dans l'étendue du territoire français, acquis et confisqués au profit de la république ; ordonne qu'à la requête de l'accusateur public le présent jugement sera exécuté sur la place de la Révolution, imprimé et affiché dans toute l'étendue de la république. »

Il était quatre heures du matin lorsque cette arrêt fut prononcé ; Marie-Antoinette l'entendit avec calme. Rentrée dans la prison, elle refusa les secours spirituels que lui offrit un prêtre assermenté ; puis elle se coupa les cheveux, et écrivit à sa sœur. Quelques heures après, le jugement fut exécuté.

La mort de Marie-Antoinette fut une grande faute : ce qui, en politique, est pire qu'un crime.

Elle privait la France d'un otage précieux, et augmentait les griefs des puissances coalisées. On pourrait dire que les états-généraux avaient tiré l'épée, et que ce fut la Convention qui jeta le fourreau.

CHAPITRE II.

Condamnation et mort des Girondins. — Exécution
du duc d'Orléans.

Le temps approchait où les Girondins devaient tomber sous la hache du bourreau; mais loin de redouter ce moment, ceux qui étaient détenus l'attendaient impatiemment.

Brissot, qui était regardé comme leur chef, écrivit à la Convention : « Le peuple vous demandait du pain, et vous avez promis mon sang....... frappez donc, et puissé-je être le dernier républicain qu'immole l'esprit de parti! »

De son côté, Vergniaud écrivait : « Je demande à la Convention que le comité de salut public, qui devait faire, dans les trois jours, son rapport sur les complots dont trente représentans du peuple ont

été accusés, soit tenu de le faire aujour-
d'hui. Je demande ce rapport pour la
Convention elle-même, qui ne peut tolé-
rer que plusieurs de ses membres soient
plus long-temps opprimés.

« Lhuilier, Hassenfratz et les hommes
qui sont venus avec eux reproduire une
pétition déjà jugée calomnieuse, ont promis les preuves de leurs nouvelles dénonciations. S'ils les produisent, je me suis
mis volontairement en état d'arrestation,
pour offrir ma tête en expiation des trahisons dont je serai convaincu. S'ils n'en
produisent pas, je demande à mon tour
qu'ils aillent à l'échafaud :

« 1°. Pour avoir fait assiéger la Convention par une force armée qui, ignorant les
causes de ce mouvement, a failli, par
excès de patriotisme, opérer la contre-
révolution ;

« 2°. Pour avoir mis à la tête de cette
armée un commandant qui a violé la liberté de la Convention par ses consi-
gnes ;

« 3°. Pour avoir obtenu, par violence.

l'arrestation de plusieurs représentans du peuple et la dispersion d'un grand nombre d'autres;

« 4°. Enfin, pour avoir, par l'impulsion terrible donnée au peuple de Paris, jeté, dans tous les départemens, le germe des discordes les plus funestes, et les brandons de la guerre civille.

« Citoyens, mes collègues, je m'en rapporte à vos consciences. Votre décision sera jugée à son tour par la nation entière et par la postérité. »

Un autre proscrit s'exprimait ainsi : « Que le Comité de salut public fasse un prompt rapport qui appelle, sous la hache de la loi, les traîtres, s'il y en avait parmi vos collègues, et fasse éclater l'innocence des autres. Fixez un jour prochain pour ce rapport : c'est tout l'objet de ma pétition. »

Valazé insistait aussi, et disait : « On m'a appris hier au soir, cette nouvelle m'a ravi le sommeil pendant la nuit, que le Comité de salut public devait proposer aujourd'hui à la Convention nationale de décréter une amnistie pour vos vingt-deux collègues détenus, et pour les dix membres de la commission des douze. Je ne puis croire que tel soit le plan du comité; car ce serait la plus horrible des perfidies. Je déclare à mes commettans, à la France et à l'Europe, que je repousse avec horreur l'amnistie qu'on voudrait m'offrir. »

En même temps, des demandes étaient faites pour arracher des malheureux à l'échafaud. Le ministre Garat sollicita vivement auprès de Robespierre; mais il ne put rien obtenir. — « Au moins, lui dit-il, j'espère que la Convention ne souffrira pas qu'ils soient jugés par ce tribunal érigé contre toutes les réclamations. » — Il est assez bon pour eux, répondit Robespierre.

Cependant les Montagnards hésitaient encore à frapper un dernier coup qui devait assurer leur empire. Ils craignaient que cette exécution ne révoltât plusieurs départemens, et n'augmentât le feu de l'insurrection qui s'était propagée sur divers points du territoire.

Ce fut alors que du fond de sa prison , Vergniaud publia cette lettre qu'il avait adressée à quelques membres de la Montagne :

« Hommes qui vendez lâchement vos consciences et le bonheur de la république pour conserver une popularité qui vous échappe , et acquérir une célébrité qui vous fuit !

« Vous peignez, dans vos rapports, les représentans du peuple illégalement arrêtés, comme des factieux et des instigateurs de guerre civile ;

« Je vous dénonce à mon tour à la France comme des imposteurs et des assassins ;

« Et je vais prouver ma dénonciation :

« Vous êtes des *imposteurs ;* car , si vous pensiez que les membres que vous accusez fussent coupables, vous auriez déjà fait un rapport et sollicité contre eux un décret d'accusation, qui flatterait tant votre haine et la fureur de leurs ennemis.

« Vous êtes des *assassins ;* car, n'osant les traduire devant les tribunaux, où vous

savez que leur justification serait éclatante
et vous couvrirait d'infamie, vous les te-
nez, par un silence et des rapports également calomniateurs, sous le poids des
plus odieux soupçons et sous la hache des
vengeances populaires.

« Vous êtes des *imposteurs;* car, si ce
que vous dites, si ce que vous avez à dire
était la vérité, vous ne redouteriez pas de
les rappeler pour entendre les rapports
qui les intéressent, et de les attaquer *en
présence.*

« Vous êtes des *assassins;* car vous ne
savez les frapper que par derrière : vous
ne les accusez pas devant les tribunaux,
où la loi leur accorderait la parole pour
se défendre ; vous ne savez les insulter à
la tribune nationale, d'où vous les avez
écartés par la violence, que parce qu'ils
ne peuvent plus y monter pour vous confondre.

« Vous êtes des *imposteurs;* car vous
les accusez d'exciter dans la république
des troubles que vous seuls et quelques
autres membres, dominateur de votre

cemité, avez fomentés. Oui, vous seuls,
en trompant les départemens sur ce qui
se passe à Paris, et Paris surtout, sur ce
qui se passe dans les départemens ; en
révoltant et inquiétant Paris et les départemens par la violation la plus audacieuse
du secret de la correspondance, et en ne
faisant pas sur les membres accusés le
rapport que vous deviez faire dans trois
jours.

« Enfin, vous êtes des *assassins ;* car les
députés inculpés n'ont d'autre reproche à
vos yeux que celui de n'avoir pas été de
votre avis dans plusieurs occasions, et
notamment lorsque vous avez voulu créer
une armée révolutionnaire. Si c'est là un
crime, hâtez-vous de mettre en état d'arrestation les sections et les canonniers de
Paris, qui ont eu l'audace de heurter votre
volonté et contrarier vos projets.

« Je reprends : vous n'aviez aucune inculpation fondée à présenter contre les membres dénoncés ; mais vous vous êtes dit :
« Si nous faisons sur-le-champ un rap-
» port, il faut proclamer leur innocence et

« les rappeler. Mais alors, qu'est-ce que
» notre révolution du 31 mai? Que di-
» rons-nous au peuple et aux hommes
» dont nous nous sommes servis pour le
» mettre en mouvement? Comment, dans
» le sein de la Convention, soutiendrons-
» nous la présence de nos victimes? Si nous
» ne faisons point de rapport, l'indignation
» soulèvera plusieurs départemens contre
» nous. Eh bien! nous traiterons cette in-
» surrection de rébellion. Il ne sera plus
» question de celle que nous avons excitée
» à Paris, ni de justifier ses motifs. L'in-
» surrection des départemens, qui ne sera
» que le résultat de notre conduite, nous
» en accuserons les hommes que nous
» avons si cruellement persécutés. Leur
» crime, ce sera la haine que nous aurons
» méritée en foulant aux pieds, pour
» mieux les opprimer, et les droits des re-
» présentans du peuple et ceux mêmes de
» l'humanité. »

« Lâches! voilà vos perfides combinai-
sons. Ma vie peut être en votre puissance.
Vous avez dans les dilapidations effrayan-

tes du ministère de la guerre, pour lesquelles vous vous montrez si indulgens, une liste civile qui vous fournit les moyens de combiner de nouveaux mouvemens et de nouvelles atrocités. Mais mon cœur est prêt ; il brave le fer des assassins et celui des bourreaux. Puisse ma mort être le dernier crime de nos modernes décemvirs ! Puisse le peuple, bientôt éclairé par elle, se délivrer de leur exécrable tyrannie !

« Dans cette espérance, loin de craindre la mort, je la souhaite et l'appelle de tous mes vœux. »

D'après ces écrits, il était clair que les choses ne pouvaient rester en cet état. Les Montagnards sentant que la vie de tels adversaires était encore plus dangereuse pour eux que les suites de leur mort, se décidèrent à s'en défaire. Le 8 juillet, Saint-Just, au nom du comité de salut public, fit à la Convention un rapport sur les trente-deux proscrits du 2 juin.

« Cette conjuration, dit-il, est enfin démasquée. Je n'ai point à confondre les hommes, ils sont assez confondus. Buzot et Gorsas tendent aujourd'hui secrètement la main à la Vendée. Les principaux auteurs d'un dessein si funeste se sont désignés eux-mêmes en prenant la fuite. »

Après avoir énuméré et développé une foule d'autres accusations du même genre et ne reposant pas sur des bases plus solides, le rapporteur s'exprime ainsi :

« Il résulte des pièces remises au comité de salut public,

« Qu'une conjuration a été ourdie pour empêcher, en France, l'établissement du gouvernement républicain; que l'anarchie a été le prétexte des conjurés pour comprimer le peuple, pour diviser les départemens et les armer les uns contre les autres;

« Qu'on a tenté de mettre sur le trône le fils de Capet;

« Que les efforts des conjurés, contre l'établissement de la république, ont redoublé depuis que la constitution a été présentée à l'acceptation du peuple français

« Qu'on avait formé, dans les concilia-

bules de Valasé, où se rendaient les détenus, le projet de faire assassiner une partie de la Convention;

« Qu'on a tenté de diviser d'opinions le
nord et le midi de la France, pour allumer
la guerre civile;

« Qu'à l'époque du 31 mai, plusieurs
administrations, excitées à la révolte par
les détenus, avaient arrêté les deniers publics et proclamé leur indépendance;

« Qu'à cette époque la conjuration,
contre le système du gouvernement républicain, avait éclaté dans les corps administratifs de Corse, des Bouches-du-
Rhône, de l'Eure, du Calvados, qui sont
aujourd'hui en rébellion;

« Votre comité a pensé que votre justice
devait être inflexible envers les auteurs de
la conjuration. Il m'a chargé de vous proposer le décret suivant:

« Art. Ier. La Convention nationale déclare traîtres à la patrie; Buzot, Barbaroux, Gorsas, Lanjuinais, Salles, Louvet,
Bergoeing, Biroteau, Pétion, qui se sont
soustraits au décret rendu contre eux le

2 juin dernier, et se sont mis en état de rébellion dans les départemens de l'Eure, du Calvados et de Rhône-et-Loire, dans le dessein d'empêcher l'établissement de la république, et de rétablir la royauté.

« II. Il y a lieu à accusation contre Gensonné, Guadet, Vergniaud, Mollevaut, Gardien, prévenus de complicité avec eux, qui ont pris la fuite, et se sont mis en état de rébellion.

« III. La Convention nationale rappelle dans son sein Bertrand, membre de la commission des douze, qui s'opposa courageusement à ses violences; elle rappelle dans son sein les autres détenus, plutôt trompés que coupables.

« IV. La Convention nationale ordonne l'impression des pièces remises au comité de salut public, et en décrète l'envoi dans les départemens. »

Ce projet de décret fut repoussé par les Montagnards, qu'il ne pouvait satisfaire; le nombre des députés qu'il atteignait n'était pas assez considérable, et les demi-mesures pouvaient être funestes.

Huit jours après, dans la séance du 15, Billaud-Varennes demanda le décret d'accusation contre les trente-deux proscrits, et, en outre, contre Fonfrède, Ducos et Dussaulx. « Sans doute, dit-il, il n'est pas de forfaits plus difficiles à prouver que ceux des conspirateurs travaillant dans l'ombre et méditant leur crime à loisir. Les traces matérielles manquent presque toujours, et, à moins que la trame, bien conduite à sa fin, n'ait permis aux conjurés de se déclarer ouvertement, il faut s'en tenir forcément, à leur égard, à la simple conviction morale. »

Il s'efforce ici de démontrer que les Girondins n'ont jamais cessé de conspirer contre la liberté, puis il termine ainsi :

« Quand les progrès d'une conjuration entraînent la patrie sur les bords d'un précipice creusé par une longue chaîne d'attentats ; quand les conspirateurs, après avoir assuré dans cette enceinte, et sans doute pour mieux en imposer au public, que, forts du témoignage de leur conscience, ils attendraient, comme Socrate,

la ciguë les portes ouvertes, ils se démas-
quent tout-à-coup, non pas seulement en
désertant leur poste, qu'ils avaient juré de
n'abandonner qu'à la mort, mais en fuyant
pour aller rejoindre un nouveau Dumouriez et des départemens rebelles, qui sont
même plus coupables que les séditieux de
la Vendée, puisque, comme ceux-ci, ils
n'ont pas pour cause de leur révolte les
prestiges de la superstition et du fanatisme.

« Citoyens, ces mandataires conspirateurs sont mille fois plus criminels que le
tyran que vous avez envoyé au supplice ;
car un roi qui se couvre de crimes ne fait
que son métier de despote : c'est aussi un
jour de fête pour l'humanité, le jour qu'un
tyran tombe sous la hache des lois. Mais
c'est un jour de deuil, et pour la représentation nationale, et pour le peuple lui-
même, le jour où il faut prononcer que
ceux qu'il avait rendus dépositaires de sa
confiance, accusés d'avoir trahi ses droits,
ont en effet entaché par des perfidies la
plus belle institution civile, et le plus saint
emblême de la majesté du peuple.

» Cependant, plus ce forfait est atroce, plus il est irrémissible; frappez-les donc, ces hommes pervers, ces mandataires infidèles. Vous devez ce grand acte de justice à la vengeance nationale, vous le devez à la sûreté de l'état, qui exige qu'on étouffe cette conjuration dans le sang même des conjurés. C'est leur châtiment qui est la première sauve-garde de la liberté du peuple; c'est leur impunité qui devient la source de tous les genres d'oppression et de calamités publiques. »

Ce rapport et ses conclusions parurent encore insuffisans, et le comité de sûreté générale fut chargé de faire un nouveau rapport sur cette grande affaire, dont on cessa de s'occuper pendant deux mois. Enfin le 3 octobre, Amar, rapporteur du comité de sûreté générale, monte à la tribune, et dit : « Avant de commencer le rapport, je suis chargé de vous proposer de décréter qu'aucun membre de l'assemblée ne puisse sortir avant que le rapport ne soit terminé, et que la Convention n'ait porté une décision. »

Ce décret est aussitôt rendu, et le président donne les ordres nécessaires pour en assurer l'exécution. Un morne silence règne, et les députés attendent avec anxiété la suite de cet effrayant début. Enfin Amar prend la parole, et fait son rapport sur l'affaire des Girondins. Il reproduit une foule d'accusations mentionnées déjà dans les rapports précédens: il en ajoute d'autres atroces ou ridicules.

Par exemple, il accuse Brissot d'avoir mis des affiches républicaines, au moment de l'arrestation de Louis XVI, à son retour de Varennes, et de s'être opposé a l'établissement de la république, le 10 août.

D'avoir, dans ses rapports à l'assemblée. conseillé la guerre, et d'avoir bientôt après ménagé la paix avec la Prusse.

D'avoir, de concert avec Vergniaud. Guadet, Condorcet, cherché à sauver Louis XVI, lors de son jugement.

Puis, il rappelait la proposition de Carra aux jacobins de faire le duc d'Yorck roi de France, et il accusait Pétion et Brissot de complicité pour ce fait.

L'appel au peuple que les Girondins

avaient demandé dans le procès de Louis XVI lui fournit le prétexte de violentes déclamations, et il s'éleva avec violence contre Rabaud-Saint-Étienne, à cause des paroles prononcées par ce député à la tribune : « *Je suis las de ma portion de tyrannie.* »

Il soutint que les Girondins en général étaient les complices de Dumouriez, et qu'ils avaient secondé les efforts de ce général pour livrer Paris et les représentans aux armées étrangères.

Le nombre des membres inculpés s'élevait à quarante-un, y compris le duc d'Orléans, qui, sur la demande de Billaud-Varennes, avait été porté sur cette liste.

Immédiatement après le rapport d'Amar, et sans aucune espèce de discussion préalable, le décret suivant fut rendu :

« La Convention nationale, après avoir entendu le rapport de son comité de sûreté générale sur les délits imputés à plusieurs de ses membres, décrète ce qui suit :

« Art. Ier La Convention nationale accuse, comme étant prévenus de conspirations contre l'unité et l'indivisibilité de la république, contre la liberté et la sûreté générale du peuple français, les députés dénommés ci-après :

« Brissot, Vergniaud, Gensonné, Duperret, Carra, Brulard, ci-devant marquis de Sillery, Caritat, ci-devant marquis de Condorcet, Fauchet, évêque du Calvados, Doulcet, ci-devant marquis de Pontécoulant, Ducos, Boyer-Fonfrède, Gamon, Mollevaut, Gardien, Dufriche -Valazé, Vallée, Duprat, Mainvielle, Delahaye, Bonnet, Lacaze, Mazuyer, Savary, Lehardy, Hardi, Boileau, Rouyer, Antiboul, Lasource, l'Esterpt - Beauvais, Isnard, Duchâtel, Duval, Devérité, Bresson, Noël, Coustard, Andrés, Grangeneuve, Vigée, Philippe-Egalité, ci-devant duc d'Orléans, Dulaure.

« II. Les dénommés dans l'article ci-dessus seront traduits devant le tribunal révolutionnaire, pour être jugés conformément à la loi.

« III. Il n'est rien changé, par les dispositions du décret, à celui du 28 juillet dernier, qui a déclaré traîtres à la patrie Buzot, Louvet, Barbaroux, Gorsas, Lanjuinais, Salles, Bergoeing, Pétion, Guadet, Chasset, Chambon, Lidon, Valady, Defermon, Kervelegan, Henri-Larivière, Rabau-Saint-Etienne, Lesage, Cussy, Meillant et Biroteau.

» IV. Ceux des signataires des protestations des 6 et 9 juin, qui ne sont pas renvoyés au tribunal révolutionnaire, seront mis en état d'arrestation, et les scellés apposés sur leurs papiers. Il sera fait, à leur égard, un rapport particulier par le comité de sûreté générale. »

Ainsi, le total des députés proscrits s'élevait à cent trente-trois. Par ce moyen, la Montagne se trouvait former la majorité de l'assemblée. Sans doute, les Montagnards ne se dissimulaient pas l'illégalité des mesures par lesquelles ils étaient arrivés à ce résultat; mais ils étaient persuadés que, dans ce cas, la fin justifiait suffisamment les moyens. En révolution, disaient-ils, ceux qui ne sont pas pour nous sont contre nous, et toutes les armes sont bonnes pour battre l'ennemi. Il est d'ailleurs presque généralement reconnu maintenant que la modération des Girondins pouvait être beaucoup plus fatale à la France que ne le fut la violence de leurs adversaires. On ne peut nier qu'il n'y eût parmi les membres de la Montagne quelques hommes exaspérés ; mais presque tous étaient maîtrisés par leur position et l'exigence des temps.

A peine le décret proposé par Amar fut-il adopté, que plusieurs des accusés tentèrent de se justifier. Mais on refusa d'entendre leurs réclamations : ils se rendirent à la barre, et insistèrent pour être entendus. « Vous vous justifierez devant le tribunal révolutionnaire, » leur répond-on. En vain essaient-ils alors d'émouvoir la pitié de leurs collègues : ils sont tous arrêtés dans le sein même de la Convention, sur l'appel nominal qui en est fait, et ils vont rejoindre dans les prisons les suspects qui les avaient précédés.

Les débats de ce grand procès s'ouvrirent le 24 octobre. Ce jour-là, vingt-un des députés décrétés d'accusation furent traduits.

C'étaient :

Brissot (Eure-et-Loire), âgé de trente-neuf ans, homme de lettres. Vergniaud (Gironde), âgé de trente-cinq ans, homme de loi. Gensonné (Gironde), âgé de trente-cinq ans, homme de loi. Lauze-Duperret (Bouch.-du-Rhône), âgé de quarante-six ans agriculteur. Carra (Saône-et-Loire), âgé de cinquante ans, homme de lettres. Gardien (Indre-et-Loire), âgé de trente-neuf ans, ci-devant procureur-général-syndic de Châtellerault. Dufriche-Valazé (Orne), âgé de quarante-deux ans, cultivateur-propriétaire. Duprat (Bouches-du-Rhône), âgé de trente-trois ans, négociant. Brulard-Sillery (Somme), âgé de cinquante-sept ans, propriétaire. Fauchet (Calvados), âgé de quarante-neuf ans, évêque constitutionnel du Calvados. Ducos (Gironde), âgé de vingt-huit ans, homme de lettres. Boyer-Fonfrède (Gironde), âgé de vingt-sept ans, cultivateur-propriétaire. Lasource (Tarn), âgé de trente-neuf ans,

L'Esterpt-Beauvais (Haute-Vienne), âgé de quarante-trois ans, receveur de district. Duchâtel (Deux - Sèvres), âgé de vingt - sept ans, cultivateur. Mainvielle (Bouches-du-Rhône), âgé de vingt-huit ans. Lacaze aîné (Gironde), âgé de quarante-deux ans, négociant. Lehardy (Morbihan), âgé de trente-cinq ans, médecin. Boileau (Yonne), âgé de quarante-un ans, juge-de-paix. Antiboul (Var), âgé de quarante ans, procureur-général-syndic du département du Var. Vigée (Maine-et-Loire), âgé de trente-six ans, grenadier dans le 2ᵉ bataillon de Maine-et-Loire.

On avait choisi les témoins parmi les instigateurs des journées des 31 mai et 2 juin; Pache, Chaumette, Destournelles, Duhem, Hébert, Chabot, Couthon, Fabre-d'Églantine, Desfieux, tous ennemis acharnés des Girondins, étaient appelés à déposer contre eux, en même temps qu'on refusait d'entendre les témoins à décharge.

Le procès dura sept jours. Ce fut le 30 octobre, à onze heures du soir, que le président Hermann, sur la déclaration unanime du jury, et sur le réquisitoire de Fouquier-Thinville, accusateur public, prononça la peine de mort contre tous les accusés.

A peine ce mot fatal *mort* est prononcé, Brissot laisse tomber ses bras, sa tête se penche subitement sur sa poitrine. Gensonné, pâle et tremblant, demande la parole sur l'application de la loi. Il prononce quelques mots qu'on n'entend pas. Boileau, étonné, élevant en l'air son chapeau, s'écrie : «*Peuple, on vous trompe : nous sommes innocens. Nous sommes innocens*, répètent d'une commune voix tous les condamnés. » Lasource, s'adressant à ses juges, dit : « Je meurs dans un jour où le peuple a perdu sa raison ; mais vous, vous mourrez dans celui où il aura recouvré la sienne. » Valazé tire un stylet de dessous ses vêtemens, et se l'enfonce dans le cœur : il tombe mort.

Aussitôt Fouquier-Thinville fait un réquisitoire tendant à ce que le cadavre de Valazé soit transporté au lieu de l'exécution, et décapité, le tribunal fait droit à cette demande.

Sillery laisse tomber ses deux béquilles en s'écriant, le visage plein de joie : « Ce jour est le plus beau de ma vie ! »

Il était minuit ; les juges et le public, fatigués d'une longue séance, tout donnait à cette scène un caractère sombre, imposant et terrible.

Boyer-Fonfrède et Ducos se tenaient embrassés. Plus loin, l'abbé Fauchet semblait adresser une prière à Dieu. A côté d'eux, Duprat montrait sur son visage toute l'énergie de son caractère, Carra sa stoïque fermeté, et Vergniaud le calme de son âme héroïque.

On reconduisit les condamnés dans leur prison ; ils jetèrent à la multitude les assignats qui se trouvaient dans leurs poches, et tous poussèrent le cri de *vive la république* ! qu'ils répétèrent jusqu'à la prison. C'était le signal dont ils étaient convenus avec les autres prisonniers pour annoncer leur condamnation.

Le lendemain, à midi, les condamnés

montèrent dans les fatales charrettes. L'aspect du cadavre de Valazé, sanglant et dépouillé, rendait ce spectacle hideux.

Tous marchèrent au supplice avec l'enthousiasme de vrais républicains. Pendant la route, ils répétèrent en chœur des chants patriotiques, entr'autres un des couplets fameux de la Marseillaise, dont ils dirigeaient l'application contre leurs bourreaux :

> Allons, enfans de la patrie,
> Le jour de gloire est arrivé :
> Contre nous de la tyrannie
> *Le couteau sanglant* est levé !....

Ducos plaisanta jusqu'au pied de l'échafaud. Là, il pressa tendrement son ami entre ses bras ; tous les condamnés s'embrassèrent. Sillery monta le premier sur l'échafaud, et salua le peuple. Plusieurs voulurent parler, mais ne purent se faire entendre. Lehardy cria *vive la république*! les autres, en attendant leur tour, chantaient ce refrain :

> Plutôt la mort que l'esclavage.
> C'est la devise des Français.

Quelques instans suffirent pour cette terrible exécution , et de ces hommes, les plus éloquens de l'assemblée, il ne resta bientôt que le souvenir. Les autres proscrits périrent presque tous de la même manière. Gorsas et Biroteau avaient déjà péri sur l'échafaud avant le 31 octobre ; Coustard, Cussy, Rabaud, Saint-Étienne, Noël, Mazuyer, périrent successivement à Paris, sur l'échafaud. Grangeneuve, Guadet, Salles, Barbaroux, eurent le même sort à Bordeaux, et Valady à Périgueux. Lidon fut assassiné à Brives ; Chambon fut tué à Lubersac ; Condorcet, arrêté dans un village des environs de Paris, se déroba au supplice par le poison; Pétion et Buzot, après avoir erré long-temps, se frappèrent eux-mêmes, pour ne pas périr de faim ou tomber entre les mains de leurs ennemis. Leurs cadavres furent trouvés au milieu d'un champ ; ils étaient à moitié dévorés par les loups ; vingt-quatre seulement échappèrent au supplice : ils rentrèrent au sein de la Convention après le 9 thermidor.

Une foule d'autres personnages périrent de la même manière à cette époque. Le duc d'Orléans, détenu à Marseille, avait été acquitté par le tribunal de cette ville. Arrêté de nouveau à Paris, il comparut le 6 novembre devant le tribunal révolutionnaire. En vain son défenseur rappela-t-il les nombreux et signalés services qu'il avait rendus à la révolution et aux Jacobins, il fut déclaré complice de la prétendue conspiration contre l'unité et l'indivisibilité de la république.

La charrette qui le conduisit au supplice en même temps que trois autres condamnés, stationna pendant quelques instans devant la façade du Palais-Royal. Le duc regarda tranquillement son palais, et montra jusqu'au dernier moment un courage, une fermeté d'âme extraordinaires.

Le lendemain de cette exécution, la célèbre madame Roland, épouse de l'ancien ministre, fut traduite devant le tribunal. Cette femme, remarquable par ses talens et surtout par son caractère, était encore plus détestée du peuple que son mari. Incarcérée peu de temps après lui, elle avait été élargie, le 24 juin, de l'Abbaye. Mais à peine était-elle rendue à la liberté, qu'un ordre du comité de sûreté générale la replongea dans la prison de Sainte-Pélagie. Quelques jours avant son jugement, elle composa un écrit digne de toute l'énergie de son âme, et dans lequel il est aisé de voir qu'elle ne se faisait pas illusion sur le sort qui lui était réservé.

« Il eût été facile à mon courage, dit-elle, de me soustraire au jugment que je prévoyais. J'ai cru qu'il était plus convenable de le subir ; j'ai cru que je devais cet exemple à mon pays ; j'ai cru que, si je devais être condamnée, je devais laisser à la tyrannie l'odieux d'immoler une femme qui n'eut d'autre crime que quelques talens dont elle ne se prévalut jamais, un grand zèle pour le bien de l'humanité, le courage d'avouer ses amis malheureux, et de rendre hommage à la vérité au péril de sa vie....

« Il est nécessaire que je périsse à mon

tour, parce qu'il est dans les principes de la tyrannie de sacrifier ceux qu'elle a violemment opprimés, et d'anéantir jusqu'aux témoins de ses excès ; à ce double titre, vous me devez la mort, et je l'attends....

« Quand l'innocence marche au supplice où la condamnent l'erreur et la perversité, c'est au triomphe qu'elle arrive. Puissé-je être la dernière victime immolée ! Je quitterai avec joie cette terre infortunée qui dévore le sang des gens de bien, qui dévore les justes. Vérité, patrie, amitié, objets sacrés, sentimens chers à mon cœur, recevez mon dernier sacrifice ; ma vie vous fut consacrée, vous rendrez ma mort également douce et glorieuse. »

Madame Roland avait l'intention de lire cet écrit devant le tribunal; mais dès les premières phrases, le président l'interrompit. Alors, s'adressant au public, elle s'écria : « Je vous demande acte de la violence qu'on me fait. » Mais l'auditoire ne répondit que par le cri de *vive la république*! Elle fut, après quelques instans, condamnée à la peine de mort. Lorsque l'arrêt fut prononcé, elle remercia ses juges. Conduite à l'échafaud en même temps que le nommé Lamarque, directeur de la fabrication des assignats, elle s'efforça, pendant le trajet, de relever le courage abattu de son compagnon. Arrivée sur l'échafaud, elle ne voulut point user du privilége que sa qualité de femme lui donnait d'être décapitée la première. « Passe le premier, dit-elle à Lamarque; j'ai le courage d'attendre. » Puis se tournant vers la figure de la Liberté, élevée au centre de la place de la Révolution : « O liberté! s'écria-t-elle, que de crimes on commet en ton nom! » Ensuite elle livra sa tête au bourreau, et reçut la mort avec ce courage qui ne l'avait jamais quittée.

Le mari de cette femme extraordinaire, instruit de sa mort, ne voulut pas lui survivre; il sortit de la maison où il se tenait caché à Rouen, et, pour ne pas compromettre ses hôtes, se donna la mort à quatre lieues de cette ville, sur la grande route de Paris. On trouva sur lui un billet ainsi conçu :

« Qui que tu sois qui me trouve gisant, respecte mes cendres ; ce sont celles d'un homme qui consacra toute sa vie à être utile, et qui est mort comme il a vécu, vertueux et honnête. Puissent mes concitoyens prendre des sentimens plus doux et plus humains! le sang qui coule dans ma patrie me dicte cet avis. Ces massacres ne peuvent être inspirés que par les plus cruels ennemis de la France. Ils auront bonne composition d'un pays dont on aura fait fuir ou assassiné les meilleurs citoyens. Ce n'est pas la crainte, mais l'indignation qui m'a fait quitter ma retraite au moment où j'ai appris qu'on avait égorgé ma femme. Je n'ai pas voulu rester plus long-temps sur une terre souillée de crimes. »

Clavière, ex-ministre des finances, prisonnier à la Conciergerie, imita l'exemple de Valazé et de Roland, et se poignarda en récitant ces vers de Voltaire :

Les criminels tremblans sont conduits au supplice,
Les mortels généreux disposent de leur sort.

Quelques instans après avoir reçu la

nouvelle de sa mort, sa femme s'empoisonna.

Bailly, ancien maire de Paris, ne pouvait long-temps échapper au sort réservé aux hommes de son parti. Appelé, le 10 novembre, devant le tribunal révolutionnaire, il s'y défendit avec le courage d'une âme pure et le calme d'un sage, et fut condamné. Sur la question qui lui fut faite après la sentence, s'il avait quelque réclamation à faire : « J'ai toujours fait exécuter la loi, répondit-il ; je dois m'y soumettre, puisque vous en êtes l'organe. »

Le lendemain, il partit sur la fatale charrette pour le Champ-de-Mars, où il devait subir son arrêt. Cet homme que son âge, ses vertus et ses talens auraient dû faire respecter, fut conduit les mains liées derrière le dos, presque nu et la tête chauve : il était exposé sur la charrette à la rigueur d'une pluie glaciale et aux insultes du peuple.

Après un trajet de plus d'une heure et demie, on arriva au lieu du supplice. Le drapeau rouge que Bailly avait déployé dans l'affaire du Champ-de-Mars, devait être brûlé en sa présence par la main du bourreau. Bailly, le front calme, contemplait d'un regard tranquille les apprêts de son supplice ; un des forcénés qui l'entouraient lui présente au visage le drapeau tout enflammé. La douleur lui arrache un cri ; ce fut le seul qui lui échappa. Il allait monter sur l'échafaud, lorsqu'un des assistans fait observer : « Que la terre sacrée du champ de la fédération ne doit pas être souillée du sang d'un assassin qui l'avait arrosée de celui des patriotes. » Aussitôt on démonte lentement l'échafaud, on le transporte, pièce par pièce, dans un des fossés situé du côté de la Seine, et on le remonte sous les yeux de Bailly, que l'on avait traîné sur le bord du fossé pour le rendre témoin de ces affreux préparatifs. Le supplice du malheureux Bailly fut ainsi prolongé de trois heures, pendant lesquelles une foule de furieux l'accabla de coups et d'injures. Ses forces l'abandonnèrent ; il s'évanouit, des coups le rappelèrent à la vie ou plutôt aux souffrances. «Tu trembles,

Bailly, lui dit un de ses bourreaux.— Oui, mon ami, répond le courageux vieillard; mais c'est de froid.» Enfin, il lui fut permis de monter sur l'échafaud, où il reçut la mort comme un bienfait.

Le nombre est immense des individus envoyés à la mort par les tribunaux révolutionnaires. Chaque jour des flots de sang étaient répandus à Paris: en même temps une armée révolutionnaire parcourait les provinces traînant à sa suite des instrumens de supplices, afin de hâter les exécutions. Mais il faut bien l'avouer, de ce mal affreux résultait quelque bien : les conspirateurs effrayés n'osaient lever la tête; tous les hommes en état de porter les armes couraient à la défense des frontières. Le sang des victimes féconda le sol de la patrie, et il fit naître des héros.

CHAPITRE III.

Lettre de Vergniaud. — Supplice des Girondins.

Mai 1793.

Le but de la Convention semblait être la régénération compléte de la France ; ses moyens étaient violens sans doute ; mais peut-être ces moyens étaient-ils les seuls efficaces. Les sciences ne pouvaient être étrangères au mouvement imprimé. Le 5 octobre 1793, sur le rapport du comité de l'instruction publique, la Convention rendit un décret ainsi conçu :

« L'ère des Français compte de la fondation de la république, qui a eu lieu le 22 septembre 1792 de l'ere vulgaire, jour où le soleil est arrivé à l'équinoxe d'automne, en entrant dans le signe de la Balance, à neuf heures dix-huit minutes trente-deux secondes du matin, pour l'Observatoire de Paris.

» L'ère vulgaire est abolie pour les usages civils.

» Le commencement de chaque année est fixé à minuit, commençant le jour où tombe l'équinoxe vrai d'automne pour l'Observatoire de Paris.

» L'année est divisée en douze mois, chacun de trente jours, après lesquels suivent cinq jours qui n'appartiennent à aucun mois, et qu'on appelle les *jours complémentaires.*

» Chaque mois est divisé en trois *décades,* qui se composent chacune de dix jours.

» Le jour, de minuit à minuit, est divisé en dix parties égales, chacune de ces parties en dix autres. »

Un autre décret, du 24 octobre 1793, donna aux mois des noms particuliers, tirés, soit de la nature des productions ordinaires de la terre, pendant les périodes de temps qu'ils étaient destinés à désigner, soit de l'état habituel de l'atmosphère pendant ces mêmes périodes.

Les noms des mois qui composaient une même saison reçurent la même consonnance.

On les nomma vendémiaire, brumaire, frimaire, nivose, pluviose, ventose, germinal, floréal, prairial, messidor, thermidor, fructidor ; et cinq ou six jours complémentaires, suivant que l'année était ou non bissextile.

Chaque mois était divisé en trois décades, composées chacune de dix jours qui reçurent chacun aussi un nom particulier dérivant de son rang dans l'ordre numérique : ils furent désignés par ces mots : primidi, duodi, tridi, quartidi, quintidi, sextidi, septidi, octidi, nonidi, decadi. Le decadi remplaçait le dimanche, et était un jour de repos et de fête.

Cependant Lyon, forcé d'ouvrir ses portes à l'armée conventionnelle, était le théâtre des plus affreuses scènes de carnage.

Dubois-Crancé avait contribué à la prise de cette ville. Couthon fut chargé d'en châtier les habitans, de détruire les hommes et les maisons, et il s'en acquitta avec un cruel empressement. On le vit, armé d'un marteau, donner le signal de la démolition des plus beaux bâtimens de la place Bellecour. « *Maison de rebelles*, disait-il, *je te frappe au nom de la loi*. Il obéissait, en ce point, au décret de la Convention du 12 octobre, qui ordonnait la démolition de toutes les habitations des riches, et le changement du nom de *Lyon* en celui de *Commune affranchie*.

Couthon établit une commission temporaire, qui condamnait et faisait tomber chaque jour un grand nombre de têtes.

A Couthon succédèrent Collot-d'Herbois et Foucher de Nantes. Ils continuèrent l'ouvrage de Couthon; et voulant le perfectionner, ils surpassèrent leur modèle. Ils jugèrent que les démolitions des maisons allaient trop lentement. Dans la séance du 22 décembre, on lut à la Convention une lettre de ces deux représentans, portant qu'il fallait des moyens plus rapides. « L'explosion de la mine et l'activité dévorante de la flamme, disaient-ils, peuvent seules réprimer la volonté toute puissante du peuple, et sa volonté doit avoir les effets du tonnerre. »

La commission temporaire, la guillotine en permanence sur la place des Terreaux et les démolitions reçurent une activité nouvelle. Ces moyens de destruction étaient vulgaires et trop lents. Collot imagina de réunir dans la plaine des Brotteaux un certain nombre d'individus attachés deux à deux, et de les faire mitrailler. Des sabres, des baïonnettes venaient achever les malheureux qui n'étaient pas morts sur le coup.

De son côté, Nantes et tous les bords de la Loire étaient en proie à la guerre civile.

Bientôt la commission chargée de juger les Vendéens fut insuffisante; le farouche proconsul Carrier eut recours aux fusillades en masse, et, comme pour préluder, il ordonna sur-le-champ et sans aucune forme la mort de vingt-quatre Vendéens. Il autorisa la commission militaire à traiter indistinctement avec la même cruauté les habitans des campagnes qui seraient accusés d'avoir pris part aux mouvemens de la Vendée. Des cultivateurs, investis à la faveur de la nuit, furent saisis et fusillés sans miséricorde. Un grand nombre de Vendéens, qui étaient venus à Nantes, sur la foi des traités, d'autres qui venaient se soumettre, subirent le même sort. « La déroute des brigands est si complète, écrivait Carrier le 30 frimaire à la Convention, qu'ils arrivent à nos avant-postes par centaine ; *je prends le parti de les faire fusiller.* Il en vient autant d'Angers ; *je leur assure le même sort*, et j'invite Francastel à en faire autant. C'est par principe *d'humanité* que je purge la terre de la liberté de ces monstres.

La fusillade devenait insuffisante ; Carrier inventa les noyades, et fit faire des bateaux à soupape, au moyen desquels cinquante individus étaient portés au milieu de la rivière et noyés.

Arras, Bordeaux, Toulouse, Avignon, Marseille, Toulon furent traités avec la même rigueur. Toulon surtout paya cher le tort de s'être livrée aux Anglais.

Deux armées françaises, celle que commandait Carteaux et celle dont Lapoype était général, devaient concourir à la reprise de Toulon: étant éloignées l'une de l'autre, elles ne pouvaient que difficilement agir de concert. Les dispositions faites pour l'attaque de la place étaient irrégulières. Ces armées ne manquaient ni de courage, ni de zèle ; mais on n'y trouvait que peu d'officiers expérimentés, lorsque, vers la fin de septembre, arriva de Paris un officier chargé par le comité de salut public du commandement de l'artillerie de siége. Cet officier était Napoléon. Son courage, son calme au milieu des plus grands périls, et son intelligence extraordinaire, lui valurent les éloges mérités du représentant Barras et du général Dugommier. Ce fut son premier pas dans la carrière immense qu'il allait parcourir à pas de géant *.

Le gouvernement venait de remplacer Carteaux par Duppet, et ce dernier par

* Voyez l'*Histoire populaire de Napoléon*.

Dugommier, officier brave et expérimenté ;
sa réputation promettait des succès, mais
ces succès devenaient incertains par quelques circonstances, dont la plus puissante
était la disette que le long séjour des armées dans la Provence rendait insupportable : les habitans murmuraient.

Dugommier et le commandant de l'artillerie, sans se déconcerter, disposaient
tout pour l'attaque. Il s'agissait de s'emparer d'une position située à l'extrémité
du promontoire de Balagnier, et de l'Eguil-
lette, d'où dépendait la prise de Toulon :
mais les Anglais, sentant l'importance de
ces postes, y avaient débarqué quatre mille
hommes, et les avaient si bien fortifiés
qu'ils les considéraient comme imprena -
bles. Cinq ou six batteries furent élevées
par les Français. Il y eut quelques engage-
mens entre les troupes des deux partis.
Le général Hood, qui commandait l'armée
ennemie, s'étant avancé, fut blessé et
fait prisonnier.

Le 18 décembre, à 4 heures du soir,
une armée française quitte son camp, et

marche vers la position Balaguier. Les ennemis, pour éviter l'effet des bombes et des boulets qui foudroyaient le fort, avaient l'habitude de se tenir à une certaine distance en arrière. Les Français espéraient y arriver avant eux ; mais les ennemis avaient établi en avant une nombreuse ligne de tirailleurs, et la fusillade s'étant engagée au pied de la montagne, les troupes des coalisés accoururent à la défense du fort dont le feu devint des plus vifs. La mitraille pleuvait partout. Enfin, après une attaque extrêmement chaude, Dugommier qui, selon sa coutume, marchait à la tête de la première colonne, fut obligé de céder. Désolé, il s'écrie : *Je suis perdu....* En effet, il y allait de sa tête ; l'échafaud attendait le général malheureux.

Cependant la canonnade et la fusillade duraient toujours. Muiron, capitaine d'artillerie, jeune homme plein de bravoure et de moyens, est détaché avec un bataillon de chasseurs, et soutenu par la deuxième colonne qui suit à portée de fusil.

Il connaissait parfaitement la position, et il profita si bien des sinuosités du terrain, qu'il gravit la montagne avec sa troupe, sans presque éprouver de perte. Il débouche au pied du fort, s'élance par une embrâsure; son bataillon le suit, et le fort est pris.

Tous les canonniers anglais ou espagnols sont tués sur leurs pièces, et Muiron est blessé grièvement d'un coup de pique par un Anglais.

Maîtres du fort, les Français tournent aussitôt les pièces contre l'ennemi.

Dugommier était déjà depuis trois heures dans la redoute, lorsque les représentans du peuple vinrent, le sabre à la main, combler d'éloges les troupes qui l'occupaient.

A la pointe du jour, on marcha sur Balaguier et l'Éguilette. L'ennemi avait déjà évacué ces deux positions. Les pièces de vingt-quatre et les mortiers furent mis en mouvement et le feu recommença, mais l'amiral anglais Howd n'eut pas plutôt vu les Français maîtres, qu'il fit le signal de lever l'ancre. La flotte anglaise quitta le port précipitamment, laissant à la merci du vainqueur les hommes égarés qui avaient favorisé l'étranger : et comme si les Anglais eussent craint de laisser quelque espoir de salut à ces malheureux, ils emmenèrent ou brûlèrent tous les bâtimens français qui se trouvaient dans le port.

Les rebelles de Toulon furent traités par la Convention avec la plus grande rigueur. Un grand nombre de têtes tombèrent sous la hache des bourreaux ; et un décret ordonna que le nom de Toulon serait supprimé et remplacé par celui de *Port de la Montagne ;* que les maisons de l'intérieur seraient rasées, et qu'on n'y conserverait que les établissemens nécessaires au service de la guerre, de la marine, des subsistances et approvisionnemens. Ce décret toutefois ne fut point exécuté dans toute son étendue.

Cependant les républicains étaient moins heureux dans la Vendée ; l'armée royaliste avait fait beaucoup de progrès depuis le mois d'août. Cathelineau, Bonchamps, d'Elbée, Lescure, La Rochejacquelin, avaient, sur plusieurs points, battu les patriotes. Mais bientôt la Convention envoya le général Wittermann à la tête d'une armée formidable, et les Vendéens battus à leur tour, se dispersèrent et cessèrent d'être redoutables.

Les Girondins avaient vécu ; les armées républicaines triomphaient ; les royalistes étaient terrifiés. Sans doute l'énergie de la Montagne avait été portée trop loin ; mais le résultat pouvait rendre les moyens moins odieux, et les crimes de quelques individus ne peuvent être sans injustice imputés au parti tout entier. Ce parti était arrivé au faîte de la puissance ; peut-être allait-il consolider son ouvrage, lorsque de violentes dissensions éclatèrent parmi les membres qui le composaient. Le comité de salut public avait succédé à la commune dans l'administration des pouvoirs. Ce comité, composé des Montagnards les plus influens, formait un cadre de gouvernement. Les membres s'étaient partagé les différentes branches d'administration.

Robespierre, investi de la suprématie universelle, s'était chargé spécialement de l'esprit public et de la police ; Saint-Just, de la surveillance et de la dénonciation des partis ; Couthon, des propositions violentes qui avaient besoin d'être avouées. Billaud – Varennes et Collot-d'Herbois dirigeaient les proconsulats dans les départemens ; Carnot s'occupait exclusivement de la guerre ; Cambon, des finances ; Prieur de la Côte-d'Or, Prieur de la Marne, et deux autres, des travaux intérieurs et administratifs ; Barrère était l'orateur du comité. Les détails de l'administration inférieure avaient été confiés au comité de surveillance, composé sur le même type que le premier, et ayant douze membres rééligibles tous les trois mois.

Les hommes aux mains desquels se trouvait le pouvoir ne se dissimulaient pas l'arbitraire et la violence de leurs actes ; mais cette violence leur paraissait le seul moyen de salut de la république. « Vous n'avez plus rien à ménager, avait dit Saint-

Just, contre les ennemis du nouvel ordre de choses, et la liberté doit vaincre à tel prix que ce soit. Dans les circonstances où se trouve la république, la constitution ne peut être établie ; elle deviendrait la garantie des attentats contre la liberté, parce qu'elle manquerait de la violence nécessaire pour les réprimer : le gouvernement présent est aussi trop embarrassé. Vous êtes trop loin de tous les attentats : il faut que le glaive des lois se promène partout avec rapidité, et que votre bras soit présent partout. »

Les membres de la Convention qui ne faisaient point partie du comité ne tardèrent pas à se plaindre du pouvoir que ce comité s'était attribué. A lui seul était réservé le soin de nommer et de destituer les généraux, les ministres, les commissaires représentans, les juges et les jurés. Il était en même temps pouvoir législatif et pouvoir exécutif : lui seul prenait, en toute circonstance, l'initiative et les mesures nécessaires.

La violence était à l'ordre du jour, on résolut de l'employer pour faire taire les députés mécontens. Bazire, Chabot, Julien de Toulouse et Delaunay furent arrêtés le 25 ventose. Accusés d'être les instigateurs des troubles, et de s'être vendus au ministre anglais Pitt, ils furent déclarés, par la Convention, coupables d'une conspiration tendant à renverser, par la corruption, le gouvernement révolutionnaire, et comme tels, jetés en prison, en attendant que le tribunal révolutionnaire eût décidé de leur sort. Fabre-d'Églantine fut plus tard enveloppé dans la même proscription.

Bientôt une nouvelle lutte s'engagea entre la commune de Paris, qui se rappelait encore son ancienne influence et cherchait à la ressaisir, et la Montagne qui refusait de subir le joug d'une autorité qu'elle avait créée, et dont les membres sortaient de son sein.

Depuis la mort de Marat, la commune avait beaucoup perdu de sa force; le comité, au contraire, était plus puissant que jamais. La commune fut désignée sous le nom de *faction ultra-révolutionnaire.*

Robespierre fut le premier qui l'attaqua ouvertement. Le 15 frimaire il monte à la tribune et lit : « Citoyens représentans du peuple, dit-il, les rois, coalisés contre la république, nous font la guerre avec des armées et avec des intrigues; nous opposons à leurs armées des armées plus braves, et à leurs intrigues la vigilance et la terreur de la justice nationale: mais, toujours attentifs à renouer les fils de leurs trames secrètes à mesure qu'ils sont rompus par la main du patriotisme, toujours habiles à tourner les armes de la liberté contre la liberté même, les émissaires des ennemis de la France travaillent aujourd'hui à renverser la république par le républicanisme, et à rallumer la guerre civile par la philosophie. » Il reproche alors à la commune de favoriser, par ses mesures ultra-révolutionnaires, les manœuvres des ennemis de la république, puis il ajoute : « Vous avez à empêcher les extravagances et les folies qui coïncident avec les plans de la conspiration étrangère. Je demande que vous défendiez aux autorités particulières de servir nos ennemis par des mesures irréfléchies, etc.... »

Quelque temps après, Saint-Just vint à son tour dénoncer à la Convention la faction ultra-révolutionnaire de la commune, ainsi que plusieurs agens de l'étranger en France ; il fit donner au comité dont il faisait partie les pouvoirs les plus étendus contre les conspirateurs de la commune.

Muni de ces pouvoirs, le comité agit aussitôt. Dans la nuit même du 24 au 25 ventose, il fit arrêter Ronsin, commandant de l'armée révolutionnaire, Hébert, substitut du procureur de la commune, Vincent, employé à la guerre, Momoro, administrateur du département, Ducroquet, commissaire de section, Kock, banquier, Laumur, ancien colonel, Bourgeois, Mazicel, chef d'escadron, Laboureau, médecin, Ancard, Leclerc, employé à la guerre, Pereyra, manufacturier de tabac,

BATAILLE DE JEMMAPES

la femme Queteneau, Anacharsis Clootz, Desfieux, Descombes, secrétaire de section, Armand, Dubuisson, Proly.

Traduits devant le tribuual révolutionnaire, un seul de ces vingt personnages fut acquitté; les dix-neuf autres furent condamnés à la peine de mort, et exécutés le 4 germinal. Ainsi, la commune disparut à son tour, et fut engloutie dans le précipice qu'elle avait ouvert.

Le parti modéré de la Montagne devait bientôt avoir le même sort. Danton était à sa tête, non plus Danton, farouche septembriseur et furieux démagogue, mais Danton cherchant à rétablir l'ordre légal, à rendre à la Convention son indépendance, à arrêter l'action du tribunal révolutionnaire, à vider les prisons des *suspects* qui les remplissaient, et à organiser un *comité de clémence*, comme le seul moyen de pacifier l'état et de détruire la tyrannie sanguinaire qui le désolait. Ce député, si impétueux, était dans son intérieur bon époux, bon père, ami plein de franchise, administrateur affable; il n'avait commis tant d'excès, que parce qu'il était convaincu qu'ils étaient utiles à la France révolutionnaire. Maintenant qu'il voyait la tourmente anarchique portée à un point qui l'épouvantait lui-même, il voulait la contraindre à un mouvement rétrograde : cette tâche était au-dessus de ses forces.

Camille Desmoulins s'était associé à ses projets. Ce bouillant et fougueux jeune homme avait suivi la révolution dans toutes ses circonstances. Son âme était douce et sensible, quoique ses opinions eussent souvent été violentes. Il avait applaudi au système révolutionnaire, parce qu'il le croyait nécessaire à l'établissement de la république ; il avait applaudi au supplice des Girondins, parce qu'il redoutait une contre-révolution. La république était le seul mobile de toutes ses actions, le seul vœu de son cœur; mais la révolution était consommée. Il avait résolu de combattre la tyrannie du comité. Il eut d'abord recours à l'arme du ridicule, qu'il maniait avec facilité.

« Saint-Just s'estime tant, dit-il un jour

dans un pamphlet, qu'il regarde sa tête comme la pierre angulaire de la république; aussi la porte-t-il sur ses épaules avec respect, comme un saint-sacrement.—Et moi, dit alors Saint-Just, je la lui ferai porter comme un saint Denis. » Il lui tint parole. Amar, le 26 ventose, vint à la Convention dénoncer publiquement la faction des Montagnards modérés ou des *Dantonistes*, comme un parti dont la modération politique et dont l'immoralité privée compromettaient et déshonoraient la république.

Danton, qui jusque là, n'avait pas cessé ses liaisons avec Robespierre, lui demanda une entrevue; et ce fut chez Robespierre même qu'elle eut lieu. « Je connais, lui dit Danton, toute la haine que me porte le comité; mais je ne la redoute pas.—Vous avez tort, lui répondit Robespierre : il n'y a pas de mauvaises intentions contre vous, mais il est bon de s'expliquer. — S'expliquer! pour cela il faudrait de la bonne foi. Sans doute, il faut comprimer les royalistes; mais nous ne devons frapper que des coups utiles à la république, et il ne faut pas confondre l'innocent avec le coupable. — Et qui vous a dit qu'on ait fait périr un innocent ? »

Ces paroles terminèrent l'entretien. Danton sentit que sa perte était résolue ; il pouvait fuir, il ne le voulut pas : « J'aime mieux être guillotiné que guillotineur, dit-il. Qu'ai-je à desirer sur la terre ? j'ai eu une femme que j'adorais ; j'en ai une autre que j'aime beaucoup ; j'ai donné des enfans mâles à la république , j'en attends un troisième : eh bien ! que chacun ait rempli sa tâche de même à trente-quatre ans, et les choses iront bien. — Mais, lui disaient ses amis, Robespierre ?—Robespierre est encore le moins scélérat de la bande. — Il veut régner. — Il se trompe, il ne régnera pas. — Il veut te perdre. — Tant pis : j'ai fait mon devoir envers ma patrie ; ce que je ferais de plus serait pour moi. Je ne serai jamais le chef d'une faction. — Ce ne serait pas l'être. — Ce serait l'être que de défendre ma vie ; elle n'en vaut pas la peine ; l'humanité m'ennuie. — Les membres du comité soutiennent Robespierre. — Ils le dévoreront. — Ils cherchent ta mort ! — Eh bien ! si jamais.... si Billaud.... si Robespierre.... Ils seront exécrés comme des tyrans ; on rasera la maison de Robespierre ; on y semera du sel ; on y plantera un poteau exécrable à la vengeance du crime. Mais.... mes amis diront de moi que j'ai été bon père, bon ami ; bon citoyen ; ils ne m'oublieront pas. — Tu peux éviter !...—J'aime mieux être guillotiné que guillotineur.—Mais ceux qui sont partis...— Sont des infâmes. Partir ! est-ce qu'on emporte sa patrie à la semelle de ses souliers ? »

Le 10 germinal, dix jours après l'exécution d'Hébert et des autres membres de la commune, Danton reçut l'avis que son arrestation avait été résolue dans le comité. « Ils n'oseraient, » dit-il. Dans la même nuit sa maison fut investie, et il fut conduit à la prison du Luxembourg, avec ses collègues Philippeaux, Camille, Desmoulins, Lacroix, et le général Wes-

terman. « Mes amis , dit-il aux prisonniers, j'espérais dans peu vous faire sortir
d'ici ; mais m'y voilà moi-même , et je ne
sais quand tout cela finira maintenant. »

Dès le matin , la nouvelle de l'arrestation de Danton et des trois autres députés
se répandit dans Paris , et excita une
rumeur générale. L'assemblée même semblait effrayée du coup qu'elle venait de
porter. Les tribunes murmuraient ; Legendre , ami de Danton , parut à la tribune :
« Citoyens, dit-il , quatre membres de
cette assemblée ont été arrêtés cette nuit ;
je sais que Danton en est un : j'ignore le
nom des autres. Mais , citoyens , je le déclare , je crois Danton aussi pur que moi,
et cependant il est dans les fers. On a craint
sans doute que ses réponses ne détrui-
sissent les accusations portées contre lui ;
je demande, en conséquence, qu'avant que
vous entendiez aucun rapport, les détenus
soient mandés et entendus. » Cette proposition parut faire quelque impression sur
l'assemblée , et peut-être allait-elle être
adoptée, lorsque Robespierre prit la pa-

role : « Au trouble depuis long-temps inconnu qui règne dans cette assemblée, dit-il, aux agitations qu'ont produites les paroles de celui que vous venez d'entendre, il est aisé de s'apercevoir qu'il s'agit ici d'un grand intérêt ; qu'il s'agit de savoir si quelques hommes l'emporteront sur la patrie ; nous verrons dans ce jour si la Convention saura briser une prétendue idole pourrie depuis long-temps, ou si, dans sa chute, elle accablera la Convention et le peuple français. » Vient ensuite Saint-Just qui s'écrie : « Citoyens, la révolution est dans le peuple, et non point dans la renommée de quelques personnages. Cette idée vraie est la source de la justice et de l'égalité dans un état libre ; elle est la garantie du peuple, contre les hommes artificieux qui s'érigent en quelque sorte en patriciens, par leur audace et leur impunité. Il y a quelque chose de terrible dans l'amour sacré de la patrie ; il est tellement exclusif, qu'il immole tout sans pitié, sans frayeur, sans respect humain à l'intérêt public : il précipite Manlius ; il immole ses affections privées , il entraîne Régulus à Carthage , jette un Romain dans un abîme , et met au Panthéon Marat, victime de son dévouement. Vos comités de salut public et de sûreté générale, pleins de ce sentiment , m'ont chargé de vous demander justice , au nom de la patrie , contre les hommes qui trahissent depuis long-temps la cause populaire , qui vous ont fait la guerre avec tous les conjurés, avec d'Orléans , avec Brissot , avec Hébert , avec Héraut et leurs complices , et conspirent en ce moment avec les rois ligués contre la république ; qui ont favorisé le projet de vous détruire et de confondre le gouvernement républicain ; qui ont été les défenseurs des traîtres et vos ennemis déclarés, et qui , pour échapper à la justice , prétendent que l'on vous attaque en eux. »

Après avoir longuement déclamé contre les prévenus, attaqué leurs opinions, leur conduite politique et privée , leurs projets, il les présente comme les complices de toutes les conspirations ; il dit : « Nous avons cru ne devoir plus temporiser avec les coupables , puisque nous avons annoncé que nous détruirions toutes les factions : elles pourraient se ranimer et prendre de nouvelles forces. L'Europe semble ne plus compter que sur elles : il est donc instant de les détruire , afin qu'il ne reste dans la république que le peuple et vous, et le gouvernement dont vous êtes le centre inviolable. Les jours du crime sont passés; maheur à ceux qui soutiendraient sa cause! La politique est démasquée; que tout ce qui fut criminel périsse ! On ne fait point de république avec des ménagemens , mais avec la rigueur farouche, la rigueur terrible envers tous ceux qui ont trahi. Que les complices se dénoncent, en se rangeant du parti des forfaits! Ce que nous avons dit ne sera jamais perdu sur la terre. On peut arracher la vie à des hommes qui, comme nous, ont tout osé pour la vérité : on ne peut leur arracher les cœurs , ni le tombeau hospitalier sous lequel ils se dérobent à l'esclavage et à la honte d'avoir laissé triompher les méchans. » Il finit par demander contre eux un décret d'accusation, qui fut décrété à l'unanimité en ces termes :

« La Convention nationale décrète d'accusation Hérault de Séchelles, Danton, Philippeaux, Lacroix, Camille Desmoulins, prévenus de conspiration avec d'Orléans et Dumouriez, de concert avec Fabre d'Eglantine, Chabot et les ennemis de la république; d'avoir trempé dans la conspiration tendante à rétablir la monarchie, à détruire la représentation nationale et le gouvernement républicain; en conséquence, elle ordonne leur mise en jugement avec Fabre d'Eglantine, Chabot, etc. »

Deux jours après, les accusés comparurent devant le tribunal révolutionnaire, au nombre de quatorze.

Chabot, âgé de trente-huit ans, ex-capucin; Bazire, âgé de vingt-neuf ans, ci-devant commis aux archives des états de Bourgogne, commandant de la garde nationale ; Fabvre d'Eglantine , âgé de

trente-neuf ans, homme de lettres; Lacroix, âgé de quarante ans, ancien capitaine dans la milice, homme de loi, membre du tribunal de cassation : Danton, âgé
de trente-quatre ans, avocat; Delaunay,
homme de loi; Hérault de Séchelles, âgé
de trente-quatre ans, ci-devant avocat-
général au parlement, membre du tribunal de cassation ; Philippeaux, âgé de
trente-cinq ans, officier municipal et juge ;
Camille-Desmoulins, âgé de trente-trois
ans, homme de lettres ; tous les neufs députés à la Convention nationale ; Gus-
man, âgé de quarante-deux ans, colonel ;
Diedericksen, âgé de cinquante-un ans,
avocat du roi en Danemarck, domicilié à
Paris; Sahuguet d'Espagnac, âgé de quarante-un ans, ex-abbé, fournisseur des
armées de la république; Frey, âgé de
trente-six ans, vivant de son revenu;
Westermann, âgé de quarante ans, général divisionnaire.

Danton interrogé sur son nom et sa demeure, répondit : « Ma demeure sera bien-

tôt dans le néant, et mon nom vous le trouverez au Panthéon de l'histoire. »

Camille-Desmoulins, à la question qui lui fut faite sur son âge, répondit : « J'ai l'âge du sans-culotte Jésus, trente-trois ans. »

Le tribunal s'occupa d'abord de l'affaire de Chabot, Fabre-d'Églantine et leurs complices, accusés de s'être laissés corrompre par l'or de l'Angleterre.

La plupart de ces accusés se perdirent en s'accusant réciproquement.

Danton, accusé d'avoir favorisé les projets de Dumouriez, répond : « Ma voix, qui tant de fois s'est fait entendre pour la défense du peuple, n'aura pas de peine à repousser la tyrannie. Les lâches qui me calomnient oseraient-ils me regarder en face? Qu'ils se montrent, et bientôt je les couvrirai d'opprobre. Je l'ai dit, je le répète, mon domicile est bientôt au néant, et mon nom au Panthéon.... **Ma tête est là, elle répond de tout.... La vie m'est à charge, il me tarde d'en être délivré....** »

Invité par le président à mettre plus de modération dans sa défense, il s'écrie : « Quand je me vois si grièvement, si injustement inculpé, suis-je le maître de commander au sentiment d'indignation qui me soulève contre mes détracteurs? Est-ce d'un révolutionnaire comme moi, aussi fortement prononcé, qu'il faut attendre une défense froide ? Les hommes de ma trempe sont inflexibles; c'est sur leur front qu'est imprimé le sceau de la liberté, le génie républicain. Eh quoi! c'est moi que l'on accuse d'avoir rampé aux pieds des vils despotes, d'avoir toujours été contraire au parti de la liberté, d'avoir conspiré avec Mirabeau et Dumouriez! C'est moi que l'on somme de répondre à la justice!... Et toi, Saint-Just, tu répondras à la postérité de la diffamation lancée contre le meilleur ami du peuple, contre son plus ardent défenseur.... En parcourant cette liste d'horreur, je sens toute mon existence frémir. »

Après s'être défendu sur les différens chefs d'accusation, il fait l'énumération de ses services, puis il s'écrie : « J'ai toute la plénitude de ma tête, lorsque je provoque mes accusateurs, lorsque je demande à me mesurer avec eux ; que l'on me les reproduise, et je les replonge dans le néant dont ils n'auraient jamais dû sortir... Vils imposteurs paraissez, et je vais vous arracher le masque qui vous dérobe à la vindique publique... Il faut, dit-il en finissant, que je parle de trois coquins qui ont perdu Robespierre. J'ai des choses essentielles à révéler ; je demande à être entendu paisiblement. »

Ici le président l'interrompit de nouveau, et les révélations qu'il annonçait ne furent point faites. Les autres accusés essayèrent vainement de se justifier ; on ne les écouta point. Le procès dura trois jours, il pouvait être beaucoup plus long ; mais dans la troisième séance, les jurés s'étant déclarés assez instruits se retirèrent, et après une courte délibération la peine de mort fut prononcée contre tous les accusés.

Aussitôt Danton s'écrie : « On nous im-

mole à l'ambition de quelques lâches brigands; mais ils ne jouiront pas long-temps
du fruit de leur criminelle victoire; ma
joie en mourant est de sentir que j'entraîne Robespierre. Le lâche, il n'aurait
eu que moi pour sauveur. »

Le même jour à quatre heures les condamnés montèrent dans la fatale charrette
et furent conduits au lieu de leur supplice.
Ils montrèrent, à cette dernière heure, un
courage ferme et une contenance imper-
turbable. Hérault de Séchelles salua toutes
les personnes qu'il aperçut sur la route :
au pied de l'échafaud, il voulut donner un
baiser à Danton : « Montez donc, lui dit ce
dernier, nos têtes auront le temps de se
baiser dans le panier. » Danton, s'adressant à l'exécuteur : « Tu montreras ma tête
au peuple, lui dit-il, elle en vaut la peine. »
Camille-Desmoulins fit quelque résistance
pour monter sur l'échafaud ; ses habits en
furent déchirés. « Voilà donc, s'écria-t-il,
la récompense destinée au premier apôtre
de la liberté ; les monstres qui m'assas-
sinent ne me survivront pas long-temps. »

Cependant il se résigna , et comme les autres subit la mort avec courage et fermeté.

Ainsi se justifia en quelque sorte cette
prédiction de Vergniaud : « La révolution,
comme Saturne , dévorera ses enfans. »

CHAPITRE IV.

Abjuration du clergé. — Fête de la Raison. — Culte de l'Être-Suprême.

LE sang coulait, les têtes tombaient par centaines. A ces scènes terribles étaient mêlées des scènes ridicules ou bizarres. La Commune, du temps de sa toute-puissance, avait résolu d'anéantir la religion catholique dont les ministres, par leur influence sur le peuple, contrariaient la marche de la révolution. C'était dans ce but qu'elle avait fait décréter que le culte de la Raison était la seule religion des patriotes; plus tard, ce culte de la Raison avait été, sur la proposition de Robespierre, remplacé par celui de l'*Etre-Suprême*. Cependant les prêtres avaient continué l'exercice de leur ministère pendant quelques mois. Ce ne fut qu'après la chute des Girondins qu'on résolut d'en finir avec le catholicisme. Dans la nuit du 16 au 17 brumaire, Hébert, L'Huillier, Chaumette, Momoro, et plusieurs autres administrateurs de la Commune s'étaient transportés chez l'évêque de Paris, Gobel. Ils lui avaient enjoint de se rendre le lendemain à la séance de la Convention, d'y faire abjuration du culte catholique, et de déclarer ouvertement que tout ce qu'il avait prêché jusque là n'était qu'un tissu d'absurdités. L'évêque avait voulu d'abord s'en défendre, il avait fait des observations, on y répondit par des menaces, et le 16 brumaire il promit d'abdiquer solennellement ses fonctions.

Le lendemain, 17 brumaire, le prélat se présenta à la barre de l'assemblée, suivi de ses grands-vicaires et de plusieurs autres prêtres. Momoro, à la tête d'une députation de la commune de Paris, le précédait. « Citoyens législateurs, dit ce dernier, en s'adressant à la Convention, le département de Paris, la municipalité, et des membres de sociétés populaires viennent accompagner, dans le sein de la Convention, des citoyens qui demandent à se régénérer et à redevenir *hommes*. Vous voyez devant vous l'évêque de Paris, ses grands-vicaires et quelques autres prêtres dont la liste vous sera remise. Conduits par la raison, ils viennent se dépouiller du caractère que leur avait donné la superstition. Ce grand exemple sera imité par leurs collègues. C'est ainsi que les fauteurs du despotisme concourent à sa destruction; c'est ainsi que bientôt la république française n'aura d'autre culte que celui de la liberté, de l'égalité et de l'éternelle vérité, culte qui sera bientôt universel, grâce à vos immortels travaux. »

L'évêque de Paris prit ensuite la parole en ces termes : « Je prie les représentans du peuple d'entendre ma déclaration.

« Né plébéien, j'eus de bonne heure l'amour de la liberté et de l'égalité; appelé par mes concitoyens à l'assemblée constituante, je n'attendis pas que la déclaration des droits de l'homme fût publiée pour reconnaître la souveraineté du peuple. J'eus plus d'une occasion de manifester ce principe, qui depuis a été la règle constante de ma conduite. La volonté du peuple fut ma première loi, la soumission à sa volonté mon premier devoir : cette volonté m'a élevé au siége épiscopal de Paris. Ma conscience me dit qu'en obéissant au peuple je ne l'ai pas trompé.

« J'ai profité de l'influence que me donnait ma place sur le peuple, pour augmenter son amour pour la liberté et l'égalité. Mais aujourd'hui que la révolution approche, aujourd'hui que la liberté marche à grands pas, que tous les sentimens se trouvent réunis, aujourd'hui qu'il ne doit y avoir d'autre culte national que celui de la liberté et de l'égalité, je renonce à mes fonctions de ministre du culte catholique; mes vicaires font la même déclaration : nous déposons sur votre bureau nos lettres de prêtrise. Puisse cet exemple consolider le règne de la liberté et de l'égalité ! *Vive la république !*

Cette déclaration, signée par l'évêque

et ses douze vicaires fut déposée sur le bureau.

A cette abjuration en avaient succédé beaucoup d'autres, ainsi qu'on l'avait prévu. Presque tous les évêques et curés constitutionnels qui siégeaient à l'assemblée s'étaient empressés d'abdiquer leur caractère de prêtre.

Le curé de Vaugirard avait commencé : « Revenu, avait-il dit, des préjugés que le fanatisme avait mis dans mon cœur et dans mon esprit, je dépose mes lettres de prêtrise.

Coupé de l'Oise, ancien curé, et Lindet, évêque constitutionnel, avaient suivi cet exemple. « Que ceux qui ont fait la profession de prêtres renoncent au charlatanisme, c'est à la voix de la raison qu'ils obéissent. Je n'ai jamais été charlatan, personne ne m'en accusera, je n'ai accepté les fonctions d'évêque que parce que nous étions dans des temps difficiles et parce que j'ai cru par là concourir à sauver la patrie. J'attendais le moment favorable d'abdiquer solennellement mes fonctions sans danger pour elle ; ce moment est arrivé, et j'abdique. Mes sentimens, d'ailleurs. ne pouvaient être équivoques : toute la France sait que j'ai été le premier à me donner une épouse. »

Julien de Toulouse, ministre protestant, leur avait succédé à la tribune. « On sait, avait-il dit, que les ministres du culte réformé n'étaient guère que des officiers de morale ; mais il faut en convenir, il y a eu dans tous les cultes, du plus au moins, un peu de christianisme. Il est beau de pouvoir faire cette déclaration sous les auspices de la raison, de la philosophie, et d'une constitution sublime qui prépare la destruction des tyrans, comme elle a enseveli sous les décombres des abus, les erreurs superstitieuses du fanatisme et de la royauté. J'ai exercé pendant vingt ans les fonctions de ministre protestant ; je déclare que je ne les professerai plus ; que je n'aurai désormais d'autre temple que le sanctuaire des lois, d'autre divinité que la liberté, d'autre culte que celui de la patrie, d'autre évangile que la constitution républicaine. »

Beaucoup d'autres avaient parlé dans le même sens ; et après ces singulières abjurations, le président de l'assemblée, Labri, avait pris la parole en ces termes :

« Citoyens, l'exemple que vous venez de donner est l'effet des efforts de la philosophie pour éclairer les humains. Il était réservé à la commune de Paris de venir la première annoncer le triomphe de la raison. Citoyens, qui venez de sacrifier sur l'autel de la patrie ces hochets gothiques de la superstition, vous êtes dignes de la république. Citoyens, vous venez d'abjurer l'erreur; vous ne voulez prêcher désormais que la pratique des vertus sociales et morales : c'est le culte que l'Être-Suprême trouve agréable, vous êtes dignes de lui. »

Presque chaque jour, depuis ce temps, avait été marqué par des scènes semblables: des abjurations étaient arrivées de tous les points de la France. Le 20 brumaire, l'abbé Sieyes monte à la tribune, et dit : « Citoyens, mes vœux appelaient depuis long-temps le triomphe de la raison sur la superstition et le fanatisme. Ce

jour est arrivé ; je m'en réjouis comme
d'un des plus grands bienfaits de la république française. Quoique j'aie déposé depuis un grand nombre d'années tout caractère ecclésiastique, et qu'à cet égard
ma profession de foi soit ancienne et bien
connue, qu'il me soit permis de profiter
de la nouvelle occasion qui se présente
pour déclarer encore, et cent fois s'il le
faut, que je ne connais d'autre culte que
celui de la liberté et de l'égalité, d'autre
religion que l'amour de l'humanité et de
la patrie. J'ai vécu victime de la superstition ; jamais je n'en ai été l'apôtre ou l'ins-
trument ; j'ai souffert de l'erreur des autres, personne n'a souffert de la mienne ;
nul homme sur la terre ne peut dire avoir
été trompé par moi ; plusieurs m'ont dû
d'avoir ouvert les yeux à la vérité. Au moment où ma raison se dégagea saine des
tristes préjugés dont on l'avait torturée,
l'énergie de l'insurrection entra dans mon
cœur ; depuis cet instant, si j'ai été retenu
dans les chaînes sacerdotales, c'est par la
même force qui comprimait les âmes libres

dans les chaînes royales, et les malheureux objets des haines ministérielles à la Bastille. Le jour de la révolution a dû les faire tomber toutes. »

A ces étonnantes déclarations de principes, succéda la fête la plus singulière qu'on pût imaginer.

Une montagne avait été construite dans la nef de Notre-Dame, et à sa cime s'élevait un temple d'une architecture régulière; aux deux côtés du temple étaient placés les bustes de quelques philosophes; et sur le chapiteau de l'édifice on lisait ces mots : *A la philosophie*. Sur le penchant de la montagne avait été placé un rocher qui servait de base à un autel circulaire, orné de festons de chêne. Une torche allumée brûlait sur cet autel; on l'avait nommée le *flambeau de la vérité*.

Des jeunes filles, vêtues de blanc, couronnées de chêne, et tenant un flambeau à la main, descendaient sur deux rangs de la montagne.

A un signal donné, les portes du temple s'ouvrirent, et une belle femme représentant la déesse de la Raison en sortit, et alla s'asseoir sur un banc de gazon, où elle reçut les hommages de ses adorateurs. Après avoir entendu chanter en son honneur des hymnes, accompagnées par des chœurs de musique, elle remonta dans le temple, en jetant sur tous les assistans un regard de bienveillance. Cette cérémonie se termina par un serment de fidélité prêté solennellement à cette divinité de nouvelle espèce.

Bientôt les sections de Paris dépouillèrent les églises des objets précieux qu'elles possédaient : chandeliers, reliquaires, châsses, croix, encensoirs, figures de saints, vases sacrés de tout genre, ornemens d'autel, vêtemens sacerdotaux, tout fut enlevé et porté à la Convention. Chaque jour on voyait se succéder à la barre des processions d'hommes revêtus de chappes et de chasubles. Ils venaient apporter en offrande à la patrie des richesses qui pouvaient lui être d'un puissant secours.

Les communes des environs de Paris et les départemens, ne tardèrent pas à suivre l'exemple de la capitale ; ils envoyaient à Paris des voitures chargées d'argenterie et d'ornemens d'église. L'abbaye de Saint-Denis, à elle seule, fournit dix-huit charrettes remplies d'or et d'argent. L'orateur qui les offrit à la Convention s'exprima ainsi :

« O vous, jadis les instrumens du fanatisme, saints, saintes, bienheureux de toute espèce, montrez-vous enfin patriotes ; levez-vous en masse ; marchez au secours de la patrie, partez pour la Monnaie, et puissions-nous, par votre secours, obtenir dans cette vie le bonheur que vous nous promettiez dans l'autre ! »

Dans le même temps, la révolution modifiait le langage, changeait la forme des vêtemens. Un grand nombre de communes changèrent de noms ; tous ceux qui rappelaient la féodalité ou l'ancien régime, tels que *château, castel, roi, comte, vicomte, saint*, etc., furent remplacés par les noms les plus en vogue à cette époque, comme ceux de *libre, montagne, égalité, liberté*, etc.

Les villes, les places, les rues, les établissemens publics subirent le même changement. Il n'y eut pas jusqu'aux hommes qui changèrent leurs prénoms; ceux de Jean, Pierre, Antoine, cédèrent la place aux plus beaux noms de l'antiquité classique, et la France fut peuplée d'Aristides, d'Anaxagoras, de Fabricius, de Brutus, de Mutius Scévola.

Les partisans de la révolution, d'abord appelés *patriotes*, *citoyens*, prirent la qualification de *sans-culottes*.

Le costume à l'ordre du jour était une *carmagnole*, c'est-à-dire un pantalon et une veste ronde. Les plus rigides observateurs de ce costume avaient pour chaussure des sabots, pour canne un bâton noueux, et pour coiffure des cheveux courts, couverts d'un bonnet rouge, sans cocarde. Les femmes portaient des bonnets et des chapeaux élevés en cône tronqué; leur chevelure flottait éparse sur leurs épaules, et, taillée sur le devant, couvrait la moitié du front.

Enfin, pour anéantir jusqu'à la dernière

trace des distinctions sociales et assurer le triomphe complet de l'égalité, on décréta que désormais les personnes de tout rang se tutoieraient.

Ainsi que nous l'avons dit, au culte de la Raison succéda celui de l'Être-Suprême. Le 18 floréal, Robespierre, après avoir fait sentir l'insuffisance de ce culte de la Raison, s'exprima ainsi :

« Asseyez-vous donc tranquilement sur les bases immuables de la justice, et ravivez la morale publique ; tonnez sur la tête des coupables, et lancez la foudre sur tous vos ennemis. Quel est l'insolent qui, après avoir rampé aux pieds d'un roi, ose insulter à la majesté du peuple français, dans la personne de ses représentans ? Commandez à la victoire, mais replongez surtout le vice dans le néant. Les ennemis de la république, ce sont les hommes corrompus. Le patiote n'est autre chose qu'un homme probe et magnanime dans toute la force de ce terme. C'est peu d'anéantir tous les rois de l'Europe, il faut faire respecter à tous les peuples le caractère du peuple français. C'est en vain que nous porterions au bout de l'univers la renommée de nos armes, si toutes les passions déchirent impunément le sein de la patrie! Défions-nous de l'ivresse même des succès; soyons terribles dans nos revers, modestes dans nos triomphes, et fixons au milieu de nous la paix et le bonheur par la sagesse et la morale. Voilà la véritable base de nos travaux; voilà la tâche la plus héroïque et la plus difficile; nous croyons concourir à ce but en vous proposant le décret suivant :

« Art. Ier. Le peuple français reconnaît l'Être-Suprême et l'immortalité de l'âme.

» II. Il reconnaît que le culte digne de l'Être-Suprême est la pratique des devoirs de l'homme.

» III. Il met au rang de ces devoirs de détester la mauvaise foi et la tyrannie, de punir les tyrans et les traîtres, de secourir les malheureux, de respecter les faibles, de défendre les opprimés, de faire aux autres tout le bien qu'on peut, et de n'être injuste envers personne.

» IV. Il sera institué des fêtes pour rappeler l'homme à la pensée de la divinité et à la dignité de son être.

» V. Elles emprunteront leurs noms des événemens glorieux de notre révolution, soit des vertus les plus chères et les plus utiles à l'homme, soit des plus grands bienfaits de la nature.

« VI. La république française célébrera tous les ans les fêtes du 14 juillet 1789, du 10 août 1792, du 21 janvier 1793, et du 31 mai 1793.

VII. Elle célébrera, les jours de décadi, les fêtes dont l'énumération suit :

A l'Être-Suprême ; à la nature ; au genre humain ; au peuple français ; aux bienfaiteurs de l'humanité ; aux martyrs de la liberté ; à la liberté et à l'égalité ; à la république ; à la liberté du monde ; à l'amour de la patrie ; à la haine des tyrans et des traîtres: à la vérité ; à la pudeur ; à la gloire et à l'immortalité ; à l'amitié ; à la frugalité ; au courage ; à la bonne foi ; à l'héroïsme ; au désintéressement ; au stoïcisme ; à l'amour ; à l'amour conjugal ; à l'amour paternel ; à la tendresse maternelle ; à la piété filiale ; à l'enfance ; à la jeunesse ; à l'âge viril ; à la vieillesse ; au malheur ; à l'agriculture ; à l'industrie ; à nos aïeux ; à la postérité ; au bonheur.

« VIII. Les comités de salut public et d'instruction publique sont chargés de présenter un plan d'organisation de ces fêtes.

« IX. La Convention nationale appelle tous les talens dignes de servir la cause de l'humanité à l'honneur de concourir à leur établissement par des hymnes et des chants civiques, et par tous les moyens qui peuvent contribuer à leur embellissement et à leur utilité.

« X. Le comité de salut public distinguera les ouvrage qui lui paraîtront les plus propres à remplir cet objet, et en récompensera les auteurs.

« XI. La liberté des cultes est maintenue, conformément au décret du 18 frimaire.

« XII. Tout rassemblement aristocratique et contraire à l'ordre public sera réprimé.

«XIII. En cas de troubles dont un culte quelconque serait l'occasion ou le motif, ceux qui les exciteraient par des prédications fanatiques ou par insinuations contre-révolutionnaires, ceux qui les provoqueraient par des violences injustes et gratuites, seront également punis selon la rigueur des lois.

«XIV. Il sera fait un rapport particulier sur les dispositions de détail relatives au présent décret.

«XV. Il sera célébré, le 20 prairial prochain, une fête en l'honneur de l'Être-Suprême. David est chargé d'en présenter le plan à la Convention nationale. »

Cette fête de l'Être-Suprême fut célébrée le jour fixé par le décret; elle fut à peu près semblable à celle de la Raison. Robespierre en fut en quelque sorte le héros; il était alors tout puissant, et pourtant le jour de sa chute était proche; mais Robespierre semblait avoir oublié ces paroles de Mirabeau : La roche Tarpéienne est près du Capitole.

CHAPITRE V.

Terreur. — — Tentatives d'assassinats sur Robespierre
et Collot-d'Herbois. — Création de l'École de Mars.
— Victoires des armées françaises. — 9 thermidor.

Le règne de la terreur continuait ; toutes les prisons étaient encombrées, et
malgré l'activité des tribunaux révolutionnaires, le nombre des prisonniers augmentait au lieu de diminuer ; on peut se
faire une idée de cette activité par le résultat : à Paris seulement, dix-huit cent
trente - une personnes furent exécutées
dans l'espace de sept jours.

Robespierre pouvait être considéré comme le chef suprême de l'état : aussi son
nom était-il en exécration parmi les pa-
rens, les amis des nombreuses victimes de
la tourmente révolutionnaire. Cette indignation inspira à une jeune fille l'idée d'i-

miter Charlotte Corday, et de délivrer son pays d'un tyran sanguinaire en poignardant Robespierre. Le 4 prairial, cette nouvelle héroïne, nommée Aimée-Cécile Renaud, fille d'un marchand papetier de la Cité, arrive à neuf heures du soir au logis de Robespierre ; il était absent. Elle s'étonne de ce qu'un fonctionnaire public ne se trouve pas chez lui, et se plaint de le chercher en vain depuis trois heures. Ces plaintes la rendirent suspecte, et les habitans de la maison où logeait Robespierre la traînèrent devant le comité de sûreté générale, où elle subit un interrogatoire. Après avoir long-temps refusé de s'expliquer, pressée de questions, elle avoua qu'elle avait résolu de s'exposer au trépas pour sauver sa patrie, en frappant le tyran.

Conduite devant le tribunal, cette jeune fille reçut le prix de son dévouement. Son père fut exécuté en même temps qu'elle.

Dans le même temps, Collot-d'Herbois faillit être assassiné. Un nommé Henri l'Admiral, natif des environs d'Issoire,

demeurait dans la même maison que ce
député, rue Favart, n° 4. Vers une heure
du matin, au moment où Collot-d'Herbois rentrait chez lui, l'Admiral, qui s'é-
tait caché derrière l'escalier, lui tira deux
comps de pistolet, qui firent long feu.
Dans l'interrogatoire qui suivit son arrestation, l'Admiral avoua l'intention qu'il
avait cue de tuer Collot-d'Herbois, et les
regrets qu'il éprouvait d'avoir manqué son
coup. Il dit qu'il avait pareillement juré
la mort de Robespierre, et que, dans ce
dessein, il s'était la veille placé sous le
portique de l'une des entrées du comité de
salut public, afin de lui tirer un coup de
pistolet, et de se brûler ensuite la cer-
velle. « Si j'eusse réussi, ajouta-t-il, la
république était sauvée, et il y aurait eu
une belle fête. » L'Admiral fut exécuté le
29 prairial.

Ces événemens n'apportèrent aucune
modification à la marche du gouvernement, qui, malgré la violence de son action, s'occupait de mesures utiles, formait de nobles et belles institutions.

L'Ecole polytechnique, dite l'Ecole de Mars, une des institutions les plus précieuses de la révolution, et à laquelle nos armées et les corps savans de l'intérieur ont été redevables de tant de sujets distingués, fut fondée au plus fort de la terreur. Le décret d'organisation de cette école célèbre est du 15 prairial.

En même temps, nos armées se couvraient de gloire en battant tous les rois de l'Europe ligués contre la France. Les Espagnols chassés du territoire de la république, la prise du col de Teude, l'enlèvement des forts et des redoutes du Mont-Cénis attestaient les efforts des armées des Pyrénées occidentales, d'Italie et des Alpes. Celle du Rhin mettait en déroute les vieilles bandes prussiennes et les Autrichiens réunis. L'armée de Sambre-et-Meuse, commandée par le général Jourdan, après s'être emparée de Neuf-Château, venait de réduire Charleroy; et la garnison, forte de trois mille hommes, avait été faite prisonnière de guerre. Le commandant de cette place ayant demandé une capitulation, le représentant du peuple, Saint-Just, lui répondit : « Je suis arrivé en hâte ; j'ai oublié ma plume, et n'ai apporté qu'une épée. »

Les villes d'Ypres et de Bruges, celles d'Ostende, de Gand, d'Oudenarde et de Tournay étaient tombées au pouvoir de l'armée du nord qui, après avoir opéré sa jonction avec l'armée de Sambre-et-Meuse, avait marché sur Bruxelles, et s'était emparée de cette capitale de la Belgique.

La marine n'était pas restée au dessous de l'armée de terre. Parmi une foule d'actions héroïques, celle du vaisseau *le Vengeur* mérite une mention particulière. Ce vaisseau, cerné par plusieurs bâtimens ennemis, démâté, ayant perdu ses manœuvres, criblé de boulets et faisant eau de toutes parts, s'entr'ouvrait déjà et allait disparaître sous les flots; on offre alors la vie aux Français s'ils consentent à se rendre. Ils rejettent avec indignation les secours de l'ennemi: « Non, » telle fut leur réponse unanime. Tout l'équipage monte sur le pont; blessés et mourans, ils agitent leur drapeau tricolore, et entonnent les hymnes de la liberté. dans lesquels se confondent les cris de *vive la France! vive la république!* Bientôt, voyant leur navire s'enfoncer lentement dans les eaux, ils clouent au pied du grand mât ce même drapeau, dans la crainte qu'il ne tombe aux mains des Anglais, et il descendent dans l'abîme en poursuivant leurs chants.

Les Anglais restèrent pénétrés d'admiration, et en rendirent les premiers un témoignage public. Un décret du 21 messidor ordonna que les noms des marins, composant l'équipage du vaisseau *le Vengeur*, seraient inscrits sur une colonne du Panthéon.

La France était cependant dans une situation trop violente pour que cet état de choses pût se prolonger; l'excès du mal devait nécessairement amener sa fin. Déjà l'orage grondait ; mais les citoyens, devenus indifférens à toutes les commotions politiques, attendaient tranquillement un changement qui devait amener une situation plus supportable.

Enivré par la puissance, Robespierre ne voyait plus depuis long-temps dans la plupart de ceux qui avaient contribué à son élévation que des ambitieux dangereux. Fidèle au système qu'il avait embrassé, il avait dès lors juré leur ruine; déjà même il avait publiquement menacé de sa vengeance quelques-uns des membres les plus influens de la Montagne. Ceux-ci se coalisèrent contre ce farouche républicain, réunirent leurs forces, et attendirent un moment favorable pour agir.

De son côté, Robespierre dressait ses batteries; le 22 prairial, il fit changer par un décret l'organisation du tribunal révolutionnaire.

Ce décret portait : « Le tribunal révolutionnaire est institué pour punir les ennemis du peuple.

» Sont réputés ennemis du peuple ceux qui chercheront à anéantir la liberté publique, soit par la force, soit par la ruse; ceux qui auront provoqué le rétablissement de la royauté, ou cherché à avilir ou dissoudre la Convention nationale et le gouvernement révolutionnaire et républicain ; ceux qui auront trahi la république dans le commandement des places et des armées ; ceux qui auront secondé les projets des ennemis de la France ; ceux qui auront trompé le peuple, ceux qui auront répandu de fausses nouvelles, ceux qui auront cherché à égarer l'opinion et à empêcher l'instruction du peuple, à dépraver les mœurs et à corrompre la conscience publique, etc. ; ceux qui, étant chargés de fonctions publiques, en abuseront pour servir les ennemis de la révolution, pour vexer les patriotes, pour opprimer le peuple.

La peine portée contre tous les délits, dont la connaissance appartient au tribunal révolutionnaire, est la mort.

» La preuve nécessaire pour condamner les ennemis du peuple est toute espèce de document, soit matérielle, soit morale, soit verbale, soit écrite, qui peut naturellement obtenir l'assentiment de tout esprit juste et raisonnable. La règle des jugemens est la conscience des juges éclairés par l'amour de la patrie ; leur but, le triomphe de la république et la ruine de ses ennemis.

» La loi donne pour défenseurs aux patriotes calomniés des jurés patriotes, et n'en accorde point aux conspirateurs. »

Ce décret avait été adopté sans discussion. Les exécutions devinrent plus nombreuses que jamais.

En même temps Robespierre faisait entendre au club des Jacobins où il se rendait tous les soirs, que le siége des trahisons était dans le gouvernement même, jusque dans les comités de salut public et de sûreté générale; et ses partisans, répandus dans le peuple, commentaient ses accusations. Il dénonça d'abord les conciliabules de Fouché, et présenta cet homme comme l'esprit le plus habile à mener une intrigue coupable. Bourdon - de - l'Oise, Fréron, Merlin de Thionville, Legendre, Tallien, le Cointre de Versailles, Barras, Dubois-Crancé, Dumont, Rovère, furent ensuite dénoncés comme les plus dangereux conspirateurs

Croyant enfin les esprits suffisamment préparés, il parut le 8 thermidor à la Convention alors présidée par Collot-d'Herbois, monta à la tribune et dit :

« Que d'autres vous tracent des tableaux flatteurs, je viens vous dire des vérités utiles. Je ne viens point pour réaliser des terreurs ridicules répandues par la perfidie ; mais je veux étouffer, s'il est possible, les flambeaux de la discorde, par la seule force de la vérité. Je vais défendre devant vous votre autorité outragée et la liberté violée. Je me défendrai aussi moi-même. Vous n'en serez point surpris ; vous ne ressemblerez point aux tyrans que vous combattez. Les cris de l'innocence outragée n'importunent point votre oreille, et vous n'ignorez pas que cette cause ne vous est pas étrangère. »

Il parle ensuite fort longuement de la révolution française, et repousse de toutes ses forces le reproche qui lui est adressé d'avoir organisé la terreur. Il soutient n'avoir jamais été redoutable qu'aux conspirateurs et aux tyrans. « Est-ce nous, s'écrie-t-il, qui avons plongé dans les cachots les patriotes, et porté la terreur dans toutes les conditions ? Ce sont les monstres que nous avons accusés... Est-ce nous qui, recherchant des opinions anciennes, avons promené le glaive sur la plus grande partie de la Convention nationale ? qui demandions, dans les sociétés populaires, la tête de *six cents représentans du peuple?* Ce sont les monstres que nous avons accusés.... »

Il se plaint ensuite d'avoir été en butte aux attaques les plus contradictoires, et continue en ces termes : « On disait aux nobles : c'est lui qui seul vous a proscrits ; on disait aux patriotes : il veut sauver les nobles ; on disait aux prêtres : c'est lui seul qui vous poursuit ; sans lui vous seriez paisibles et triomphans ; on disait aux fanatiques : c'est lui qui détruit la religion ; on disait aux patriotes persécutés : c'est lui qui l'a ordonné ou qui ne veut pas l'empêcher.... Des hommes, apostés dans les lieux publics, propageaient chaque jour ce système : il y en avait dans le lieu

des séances du tribunal révolutionnaire,
dans les lieux où les ennemis de la patrie
expient leurs forfaits; ils disaient : voilà
de malheureux condamnés, qui est-ce qui
e 1 est la cause? Robespierre. . . . . . ,
. . . .

« En voyant, s'écrie-t-il, la multitude
des vices que le torrent révolutionnaire a
roulés pêle-mêle avec les vertus civiques,
j'ai tremblé quelquefois d'être souillé,
aux yeux de la postérité, par le voisinage
impur de ces hommes pervers, qui se mê-
laient dans les rangs des défenseurs sin-
cères de l'humanité; mais la défaite des
factions rivales a comme émancipé tous
les vices. Ils ont cru qu'il ne s'agissait plus
pour eux que de partager la patrie comme
un butin, au lieu de la rendre libre et pros-
père; et je les remercie de ce que la fureur, dont ils sont animés contre tout ce
qui s'oppose à leurs projets, a tracé la ligne de démarcation entre eux et tous les
gens de bien. . . . .
« Ainsi donc des scélérats nous impo-
sent la loi de trahir les peuples, sous peine

d'être appelés dictateurs! Souscrirons-nous à cette loi? Non! défendons le peuple au risque d'en être estimés. Qu'ils courent à l'échafaud par la route du crime, et nous par celle de la vertu. Dirons-nous que tout est bien? continuerons-nous de louer, par habitude ou par pratique, ce qui est mal? Nous perdrions la patrie. Révélerons-nous les abus cachés? dénoncerons-nous les traîtres? On nous dira que nous ébranlons les autorités constituées; que nous voulons acquérir à leurs dépens une influence personnelle. Que ferons-nous donc? Notre devoir. Que peut-on objecter à celui qui veut dire la vérité, et qui consent à mourir pour elle. Disons donc qu'il existe une conspiration contre la liberté publique : qu'elle doit sa force à une coalition criminelle qui intrigue au sein même de la Convention; que cette coalition a des complices dans le comité de sûreté générale et dans les bureaux de ce comité; qu'ils y dominent; que les ennemis de la république ont opposé ce comité au comité de salut public, et constitué ainsi deux gouvernemens; que des membres du comité de salut public entrent dans ce complot; que la coalition, ainsi formée, cherche à perdre les patriotes et la patrie. Quel est le remède à ce mal? Punir les traîtres, renouveler les bureaux du comité de sûreté générale, épurer ce comité lui-même, et le subordonner au comité de salut public, épurer le comité de salut public lui-même, constituer l'unité du gouvernement sous l'autorité suprême de la convention nationale, qui en est le centre et le juge, et écraser ainsi toutes les factions du poids de l'autorité nationale, pour élever sur leurs ruines la puissance de la justice et de la liberté : tels sont les principes. S'il est impossible de les réclamer sans passer pour un ambitieux, j'en conclurai que les principes sont proscrits, et que la tyrannie règne parmi nous, mais non que je doive le taire; car, que peut-on objecter à un homme qui a raison et qui sait mourir pour son pays? Je suis fait pour combattre le crime, non pour le gouverner. Le temps n'est point arrivé où

les hommes de bien peuvent servir impunément la patrie. Les défenseurs de la liberté ne seront que des proscrits tant que
la horde des fripons dominera. »

L'impression de ce discours fut d'abord
décrétée ; mais un grand nombre de députés montent successivement à la tribune,
donnent à Robespierre les démentis les
plus formels ; et demandent qu'avant d'envoyer ce discours aux communes, il soit
examiné avec la plus grande attention.

Robespierre, voyant la victoire près de
lui échapper, devient furieux : « Quoi !
s'écrie-t-il , j'aurais eu le courage de venir déposer dans le sein de la Convention
des vérités que je crois nécessaires au salut
de la patrie, et l'on renverrait mon discours à l'examen des membres que j'accuse ! »

Un député s'écrie :

« Nomme donc ceux que tu accuses ;
quand on se vante d'avoir le courage de la
vertu, il faut avoir celui de la vérité. »

— Une si indécente interpellation, re-
prend Robespierre, ne me fera point pré-

cipiter une accusation qui m'est commandée par la vertu, et, d'un autre côté, ce serait bien mal me connaître, que de croire qu'on me fera reculer. Je ne ménage personne ni ne crains personne. Indigné, comme je le suis, de l'appui inespéré et sans doute irréfléchi que trouvent ici des fripons, des brigands contre-révolutionnaire, je déclare que je ne prends plus part à cet étrange débat sur l'impression de mon discours.

Ce dédain superbe produisit peu d'effet; le décret qui ordonnait l'impression fut rapporté, et le discours renvoyé à l'examen du comité de salut public.

Cet échec éprouvé par l'homme le plus puissant, fit une grande sensation à Paris.

Robespierre en fut atterré. Cependant, le soir même, il se rend aux Jacobins, où il donne lecture de son discours qui est accueilli par des applaudissemens redoublés. Après cette lecture, Robespierre s'exprima ainsi :

« Frères et amis, c'est mon testament de mort que vous venez d'entendre. Mes ennemis ou plutôt ceux de la république sont tellement puissans et tellement nombreux, que je ne puis me flatter d'échapper long-temps à leurs coups. Jamais je ne me suis senti plus ému en vous parlant ; car il me semble que je vous adresse mes adieux. Quoi qu'il m'arrive, ma mémoire sera toujours honorée dans vos cœurs vertueux. C'en est assez pour la chose publique. Vors contenterez-vous de me plaindre ? Ne saurez-vous pas me défendre ou me venger ? C'est vous qui avez mis par vos exemples toutes les vertus à l'ordre du jour, avant que la Convention les ait appelées par ses décrets. Voici le moment de les mettre à l'épreuve. N'êtes-vous pas ces mêmes Jacobins qui avez répondu, par de continuelles et courageuses victoires, aux complots d'une cour perfide, aux menaces et aux armes de Léopold, de Brunswick, de Pitt, de Cobourg ? La Convention a voulu vous humilier tous aujourd'hui par son insolent décret. Héros du 51 mai, et toi surtout, brave Henriot, avez-vous oublié le chemin de la Convention ? Ah !

loin d'avoir besoin d'exciter votre ardeur, je sens que mon devoir est de la contenir. Non que je vous excite à ménager jamais les fripons et les scélérats auxquels je viens de déclarer une guerre intrépide : veillez pour les punir, pour presser leur supplice. Mais sachez, comme au 31 mai, séparer les traîtres des hommes faibles et lâches qui leur prêtent un imprudent appui. Je défends encore une fois les hommes faibles, dussé-je être demain leur victime. Mais non, mon cœur doit se livrer à d'autres présages. Si vous me secondez, les traîtres auront subi dans quelques jours le sort de leurs devanciers. Si vous m'abandonnez, vous verrez avec quel calme je saurai boire la ciguë. » David s'écrie : « Je la boirai avec toi. » Couthon propose alors à la société de chasser de son sein tous ceux des membres des comités de salut public et de sûreté générale qui ont voté contre le discours de Robespierre ; cette exclusion est votée sans opposition. « Ce n'est rien, dit Dumas, je les attends tous demain au tribunal révolutionnaire. »

« Vous n'avez pas un moment à perdre, s'écrie Payan ; tandis que vous délibérez, les conspirateurs agissent ; leur centre de ralliement est dans les deux coupables comités de salut public et de sûreté générale. Une centaine de pas les sépare de nous ; je viens de m'apercevoir qu'ils étaient faiblement gardés : marchons-y, nous n'avons pas un instant à perdre. Songez que nos ennemis subjuguent la Convention ; qu'ils puisent à pleines mains dans les trésors de la nation, et qu'ils commandent aux armées. Ne vaut-il pas mieux, dès ce soir, attaquer vingt gendarmes qui forment leur escorte, que d'affronter demain tous les bataillons qu'ils peuvent rassembler ?

Ce projet hardi pouvait sauver Robespierre, mais il n'eut pas le courage d'en tenter l'exécution, et il passe la nuit à méditer un autre plan. Mais pendant cette nuit, ses adversaires travaillent avec ardeur à le renverser. Ils assemblent tous les membres de la Montagne, et leur font sentir la nécessité de se réunir à eux. Aux uns ils disent : N'imaginez pas qu'il puisse vous épargner jamais ; vous avez à ses yeux un crime irrémissible : c'est celui d'être des hommes libres. » Aux timides ils cherchent à inspirer quelque courage : « Voici le moment du réveil, leur disent-ils ; sortez d'une longue oppression. Le tyran vous a flattés hier ; aujourd'hui il se propose de vous flatter encore ; mais vous convient-il d'être les appuis de sa tyrannie et du tribunal révolutionnaire ? Robespierre n'est-il pas tout prêt à vous sacrifier aux Dumas, aux Coffinhal, à l'infâme Henriot ? Il se vante d'avoir seul arraché à l'échafaud soixante-treize de vos amis qui gémissent dans les prisons. Pour nous, nous ferons mieux, nous vous les rendrons, vos malheureux amis. Éloignons de nous tout souvenir funeste ; formons une amitié nouvelle. Vous pleurez Vergniaud, nous pleurons Danton ; réconcilions leurs ombres en frappant Robespierre. »

Tous convinrent de faire cause commune, de réunir leurs efforts, et le lendemain, 9 thermidor, dès le matin, ils se rendirent à la Convention. Cette mémorable séance étant ouverte, Saint-Just commence la discussion. Il est bientôt interrompu par Tallien et Billaud-Varennes. Celui-ci donne des détails sur la séance des Jacobins, et affirme qu'ils ont résolu d'égorger la Convention en masse; il ajoute que la force armée est confiée à des mains parricides. Il dénonce Hanriot et tous ses aides-de-camp, Fleuriot, Payan et toute la commune de Paris.

Tallien vient appuyer ces dénonciations. « Les conspirateurs sont démasqués, dit-il; ils seront bientôt anéantis et la vérité triomphera.... L'ennemi de la représentation nationale tombera..... Je savais d'un homme, qui approchait le tyran de la France, qu'il avait formé une liste de proscription; je n'ai pas voulu récriminer; mais j'ai vu hier la scène des Jacobins : j'en frémis pour la patrie; j'ai vu se former l'armée du nouveau Cromwell, et je me suis armé d'un poignard pour lui percer le sein, si la Convention n'avait pas le courage de le décréter d'accusation. » Il termine en

demandant l'arrestation de tous les conspirateurs dénoncés par Billaud-Varennes,
et cette proposition est immédiatement
adoptée.

Tous les Montagnards prirent successivement la parole pour élever de nouveaux
chefs d'accusation contre Robespierre ; et
chaque fois que celui-ci, naguère si rédou-
té, se levait pour se défendre, il était interrompu par des cris : *A bas le tyran!*
Tantôt il escaladait le fauteuil du président, et tantôt la tribune ; mais la sonnette
du président couvrait constamment sa voix.
« Pour la dernière fois, s'écria Robespierre,
je te demande la parole, président des assassins ! » Ne pouvant parvenir à se faire
entendre, la frayeur s'empara de lui ; il
quitte le ton menaçant qu'il avait conservé
jusqu'alors, et va chercher des défenseurs
parmi le peu de Girondins qui avaient
échappé à la proscription. Un député le
repousse en lui disant : « Retire-toi de ces
bancs, tu les souilles par ta présence ;
Vergniaud et Condorcet les occupaient.
C'est alors que le jeune Robespierre s'é-

crie : « Je suis aussi coupable que mon frère ; je partage ses vertus : je demande aussi le décret d'accusation contre moi. »

Son vœu est rempli ; et le décret est lancé aux cris de *vive la liberté ! vive la république !* contre les deux frères et contre Saint-Just, Couthon et Lebas, qui avaient réclamé le même privilége. Ils sont annoncés à la barre ; puis, sur l'ordre de l'assemblée, conduits par des gendarmes au comité de sûreté générale.

Mais bientôt la nouvelle arrive à la Convention que le peuple envahit le comité de sûreté générale.

Voici l'historique de cet envahissement à main armée. Les comités de salut public et de sûreté générale avaient montré peu de zèle et beaucoup d'imprévoyance dans une pareille crise. Le palais des Tuileries n'était point environné de forces suffisantes. Cette insouciance faillit devenir funeste à la Convention.

Les députés arrêtés, gardés par des gendarmes dans une des pièces de l'hôtel occupée par le comité de sûreté générale, après

qu'ils eurent dîné dans la sale du secréta-
riat, furent envoyés dans diverses maisons de détention, sans précaution et sans
escorte *. Hanriot, les mains liées derrière
le dos, resta seul au comité. Cependant la
commune prenait des mesures violentes.
Sijas, municipal, était allé à la société des
jacobins, et ayant recruté les membres les
plus énergiques, il conduisit ce renfort à
la commune. Coffinhal, vice-président du
tribunal révolutionnaire, et quelques municipaux à la tête d'une force armée, se
portèrent sur le comité de sûreté générale.
Ils y trouvèrent Hanriot, coupèrent les
cordes qui liaient ses mains, et l'emmenèrent avec eux. Ils regrettèrent de ne pas
y trouver Robespierre et autres députés,

* Pendant que Hanriot était au comité, on s'a-
perçut qu'il faisait des signes aux deux frères Robespierre, on invita ceux-ci à passer dans le secré-
tariat, ce qu'ils firent avec leurs gendarmes; là ils
dînèrent, et, entre six et sept heures du soir, ils
furent ensuite conduits dans des maisons de détention.

décrétés d'arrestation, déjà partis pour le le lieu de leur détention *.

Robespierre aîné fut envoyé à la maison de détention du Luxembourg ; mais un officier municipal, commis par la commune, s'opposa à ce qu'il y fût reçu, fit diriger la voiture à l'hôtel de la mairie, et mettre en prison les trois personnes qui l'escortaient **. De l'hôtel de la mairie Robespierre fut conduit à la commune.

* Lorsque les municipaux vinrent enlever Hanriot, au comité de sûreté générale, des canonniers, dévoués à la commune, braquèrent leurs canons sur la salle des séances, précisément derrière le bureau du président : alors la garde de la Convention se composait au plus de cent hommes ; Bréard occupait en ce moment le fauteuil ; on vint l'avertir de cet état de choses. « Il ne faut pas jeter l'alarme, répondit Bréard ; si nous devons périr, les premiers coups seront pour moi. »

** Cette escorte de trois personnes se composait du citoyen Chanlaire, d'un huissier de la Convention et d'un gendarme. Le municipal leur dit : « Vous payerez cher l'audace d'avoir porté une main téméraire sur le père du peuple. »

Robespierre jeune fut mené à la maison d'arrêt de Saint-Lazare ; mais il n'y entra point et fut conduit à la commune. *Ce n'est pas la Convention qui m'a fait arrêter,* dit-il au conseil-général, *mais ce sont des lâches qui conspirent depuis cinq ans.*

Saint-Just fut enfermé à la maison de détention des Écossais ; mais à peine y fut-il entré, qu'un officier municipal vint l'en tirer pour le conduire à la commune. Les concierges de ces prisons ne savaient pas encore s'ils devaient cesser d'obéir à la commune.

Couthon fut traduit dans la maison de la Bourbe, nommée alors *Port-Libre ;* il y resta jusqu'à une heure après minuit. Un municipal vint le mettre en liberté et le transporter à la commune. Les deux Robespierre et Saint-Just lui avaient écrit le billet suivant : « Couthon, tous les patriotes sont proscrits ; le peuple tout entier est levé ; ce serait le trahir que de ne pas te rendre avec nous à la commune, où nous sommes actuellement.

Lebas, enfermé dans la maison de justice du département, peu de temps après y

être entré, en fut tiré par deux administrateurs de police qui le conduisirent à la
commune. Ces enlèvemens s'opérèrent
aussitôt après que Sijas et Coffinhal en-
vahirent le comité de sûreté générale et
délivrèrent Hanriot.

Ces députés, ce général Hanriot, sortis
de prison plus irrité qu'avant d'y être en-
trés, pour recouvrer le pouvoir qui leur
échappait, pour exercer leur vengeance et
sauver leur vie, employèrent tous les
moyens, mirent en jeu toutes les res-
sources qu'une nécessité pressante peut
faire imaginer. Hanriot se mit à la tête
de la force armée, fit de nouvelles dispositions, moins pour se défendre que pour
attaquer; mais toutes les forces de Paris
ne répondirent pas à son appel, et les sections de cette ville désapprouvaient la conduite de la commune. Il est certain que la
grande majorité de ces sections était dévouée à la Convention.

Lebas écrivit à La Bertèche, commandant le camp de la pleine des Sablons,
pour l'engager à faire marcher, au secours

de la commune, les jeunes élèves de la patrie ; mais on avait prévu le coup, et La Bertèche venait d'être arrêté.

Cette assemblée, ou plutôt ses comités auxquels on peut reprocher de la négligence et de l'hésitation, réveillés par l'action audacieuse de la commune de Paris, prennent enfin l'attitude qui leur convenait. La Convention met hors la loi tous les membres de cette commune, Hanriot et les députés rebelles.

Elle nomme un chef à la force armée parisienne, elle choisit ce chef parmi ses membres. C'est Barras auquel elle adjoint les députés suivans : *Ferraud, Fréron, Rovère, Delmas, Bollet, Léonard Bourdon, Bourdon de-l'Oise, Beaupré, Auguis, Legendre, Goupilleau de Fontenay* et *Huguet*. Puis, sans se déconcerter, la Convention entend le rapport de Barrère, où sont tracés les événemens de la journée. Il propose un décret qui défend de fermer les barrières et de convoquer les sections sans l'autorisation des comités, et qui met hors la loi tous les fonctionnaires publics qui donneraient des ordres pour faire avancer la **force** armée contre la Convention, ou pour l'inexécution des décrets qu'elle aurait rendus. Ce projet étant adopté, Barrère communique une *proclamation au peuple français*, plus caractérisée, **plus** hardie que la précédente.

Cependant une force respectable environne le lieu des séances de la Convention ; les moyens de défense sont établis, ceux d'attaque le seront bientôt. Les citoyens accourent en armes autour des Tuileries, toutes les sections viennent successivement à la barre de l'Assemblée conventionnelle protester de leur dévouement et jurer que, ne connaissant pas d'autorité supérieure à celle des représentans du peuple, elles leur feront un rempart de leurs corps.

Il était environ minuit lorsque Barras, chef de la force armée, se présente à la séance : des applaudissemens signalent son entrée. « Je viens, dit-il, de parcourir une grande partie de Paris ; partout le peuple est à la hauteur de la liberté : partout on entend les cris de *vive la répu-blique! vive la Convention nationale!* Les ca-noniers de la fontaine de Grenelle nous ont accompagné partout. Des dispositions mi-litaires viennent d'être exécutées; la Con-vention est environnée de tous les répu-blicains de Paris; je viens de faire arrêter un gendarme qui était envoyé par la com-mune à La Bertèche; je vais déposer aux deux comités la lettre qu'on a surprise sur lui. »

Ferraud vient à son tour rendre compte de ses opérations; Ferraud, digne d'at-teindre à une vieillesse honorable, digne d'une meilleure destinée*, n'a trouvé dans Paris que des hommes dévoués à la Con-vention, des hommes qui lui criaient : *Nous mourrons tous pour sa défense!*

A ce récit, les personnes qui remplis-

---

* Ferraud, jeune homme plein de courage et de zèle, qui souvent a conduit nos armées à la victoire et dont les principes étaient aussi purs que ses ac-tions, fut, dans les journées de prairial an IV, égorgé par les royalistes dans la salle même de la Conven-tion.

saient les tribunes répètent unanimement :
Oui, nous mourrons tous !

Ferraud rapporte ensuite un fait remarquable qui prouve les espérances de la commune révoltée et l'audace de son général Hanriot. Ce général avait envoyé un gendarme portant l'ordre à la force armée qui environnait la Convention nationale de se retirer sur-le-champ. Ferraud fit arrêter ce gendarme.

Fréron vient aussi rendre compte à la Convention de l'état de Paris ; il expose les artifices employés par la commune et par Lebas pour s'emparer du camp de la plaine des Sablons, et disposer en leur faveur les jeunes élèves de la patrie ; mais toutes leurs menées venaient d'être déjouées. Ces jeunes élèves sont fidèles à la Convention.

Nous avons envoyé, ajoute Fréron, sur la place de la Maison-Commune (place de Grève) cinq braves canonniers pour éclairer leur camarades. Dès que ceux-ci ont su que Hanriot était hors la loi, ils ont dit qu'ils n'attendaient plus que les représentans du peuple pour diriger leurs canons contre la maison commune. « Les momens sont précieux, dit-il ; il faut agir. Nous allons marcher contre les rebelles. » A ces mots, de vifs applaudissemens se font entendre. « Si l'on refuse de nous livrer les traîtres, ajoute Fréron, nous réduirons en poudre l'édifice qui leur sert d'asile. »

Fréron dit aussi que le poste du Pont-Neuf était gardé par quinze cents hommes avec du canon.

Taillien, qui occupe le fauteuil du président, invite ses collègues à partir sur-le-champ, afin que le soleil ne se lève pas avant que la tête des conspirateurs ne soit tombée.

Alors, on vint instruire l'assemblée que Robespierre venait de déclarer qu'avant deux heures il marcherait à la tête de la force armée contre la Convention nationale.

Quelle scène se passait cependant au conseil de la commune ! Il avait organisé un *comité des douze* et une commission exécu-

tive, composée de cinq membres. Il espé-
rait beaucoup de la gendarmerie et des
canonniers, et ses membres parlaient avec
mépris et injures de la représentation nationale.

Les huissiers de la Convention, por-
teurs du décret qui mandait les membres
de cette commune à la barre, y avaient
été maltraités et repoussés *.

Le lieutenant de la gendarmerie, De-
gesne, en signifiant à ce conseil le décret
d'arrestation contre Hanriot ne fut pas
mieux accueilli ; Payan et le maire Fleuriot chiffonnèrent entre leurs mains le
papier qui contenait le décret, traitèrent
le porteur de *vil esclave* ; il fut désarmé,
emprisonné et ménacé d'être le lendemain
guillotiné.

Voici le récit d'une expédition que fit
dans le local de la commune un employé
du comité de salut public, nommé Dulac :

« La place de Grève était couverte
d'hommes, de baïonnettes et de canons.

---

* Récit du sieur Tourvel.

Je traversai tout, ayant à la main ma carte de citoyen, et m'annonçant comme envoyé de ma section. C'est ainsi que je parvins jusqu'à la salle des séances. Les deux Robespierre étaient, l'un à côté de Lescot Fleuriot, président, et l'autre auprès de Payan, agent national.

» Un instant après parut Couthon qu'on portait dans la salle du conseil ; ce qui est à remarquer, c'est qu'il était encore suivi de son gendarme *. En arrivant, il fut embrassé par Robespierre et par plusieurs autres. Ils passèrent dans la chambre voisine où je pénétrai. Ce fut là où le premier mot que j'entendis de Couthon, fut, *il faut de suite écrire aux armées.* Robespierre dit : *Au nom de qui ?* Couthon répondit : *Mais au nom de la Convention ; n'est-elle pas partout où nous sommes ? Le reste n'est qu'une poignée de factieux que la force armée va dissiper et dont elle fera justice.* Ici Robespierre sembla réfléchir un

---

* Gendarme qui l'avait conduit de la Convention à la prison de Port-Libre.

peu, se pencha vers l'oreille de son frère, et dit : *Mon avis est qu'on écrive au nom du peuple français.* »

Dulac fut forcé de s'esquiver. Il traversa de nouveau la place de Grève ; « Elle était, dit-il, encore plus couverte d'hommes et d'armes que lorsque j'étais entré ; mais aucun ne savait pourquoi il était là, et la majeure partie ignorait même que la Convention fût en permanence.

Cependant la force armée de la Convention ayant tout disposé, vers les deux heures du matin s'avança sur deux colonnes, accompagnées de canons, vers la place de Grève ; l'une investit l'édifice de la maison commune ; l'autre, précédée par deux députés et des huissiers de la Convention, portant des torches allumées, arrive sur cette place et y trouve une multitude qui, pour se décider, attendait l'issue des événemens. Ils y proclamèrent hautement le décret qui mettait hors la loi les membres du conseil municipal, etc. Cette proclamation suffit pour faire retirer les canonniers qui jusqu'alors avaient montré des intentions hostiles.

Les troupes conventionnelles exécutè-
rent sans obstacle les manœuvres proje-
tées, et les cris de *vive la Convention! péris-
sent les traîtres et les tyrans!* se firent entendre. Les révoltés, abandonnés par toutes
leurs forces, l'ignoraient encore et s'occupaient à délibérer.

Léonard Bourdon, accompagné de quelques hommes déterminés, et notamment
de l'employé Dulac dont il vient d'être mention, monte les escaliers de la commune, le
sabre entre les dents, un pistolet à chaque
main; il force l'entrée de la salle où déli-
béraient trente-six municipaux revêtus de
leur écharpe.

A cette apparition soudaine, à cet aspect menaçant, les délibérans, effrayés,
cherchent à s'échapper. Charlemagne, qui
faisait alors les fonctions de président,
laisse tomber la sonnette de sa main; un
des acteurs de cette expédition, le sabre
nu, s'avance sur ce président établi. «Personne, dit Dulac, ne se défendit, et chose
remarquable, nous entrâmes en si petit
nombre, que chacun de nous en tenait
deux. »

Tous les assistans, frappés de terreur, se trouvèrent sans courage. Uu homme, placé au bas de chacun des deux escaliers qui conduisaient aux tribunes, suffit pour contenir et mettre en état d'arrestation leurs nombreux habitués : chacun fuyait ; il vint un renfort.

Robespierre jeune franchit une fenêtre, marche, pendant quelques minutes, sur la corniche de la façade de l'Hôtel-de-Ville, puis se précipite en bas, tombe sur les marches du perron et sur deux citoyens dont les armes le blessent *.

Robespierre aîné, retiré dans la salle de l'Égalité, place le bout d'un pistolet dans sa bouche, et lâche la détente, la balle fracasse la mâchoire, et lui ôte l'usage de la parole sans lui ôter la vie. Cette balle se fait jour au-dessous de la pommette de la

---

* Il fut transporté rue des Barres, n. 4, au comité civil de la section de la maison commune, où des chirurgiens visitèrent ses contusions et ses blessures ; à sept heures du matin on le transféra au comité de sûreté générale.

joue, et passe très-près du concierge, sur lequel Robespierre tombe ensanglanté *.

Dulac entre dans la pièce où se trouvait Robespierre étendu sur le carreau. « Près de lui, dit-il, était caché, sous la table, le trop fameux Dumas, cet homicide président du tribunal révolutionnaire ; je l'arrêtai et je lui fis tant de peur, que je l'obligeai à me dire où étaient Saint-Just et Lebas. J'entrai dans le lieu où il s'étaient réfugiés ; j'y trouvai Lebas étendu et déjà mort. Saint-Just ne me fit pas la moindre résistance, et me rendit son couteau avec la même obéissance que Dumas m'avait remis son flacon d'eau de mélisse, que je lui avais ôté, craignant que ce ne fût du poison. Je les remis tous deux dans les pièces du rez-de-chaussée que l'on appelle l'*état-major*...... J'avais aussi arrêté moi-même l'agent national Payan. »

On rapporte que Saint-Just, lorsqu'il fuyait avec Lebas, dit à ce dernier : «*Tue-*

---

* Il n'est point vrai que le gendarme, présenté par Léonard Bourdon à la Convention, ait tiré un coup de pistolet à Robespierre.

moi. » Lebas ayant répondu : « *J'ai bien autre chose à faire,* » se tira un coup de pistolet dont il mourut sur le champ.

Couthon, perclu de la moitié du corps, ne put fuir, et sentit, un peu tard, que lorsqu'on veut conspirer il faut avoir de bonnes jambes. Il se traîna au-dessous d'un escalier, où il fut saisi et transféré sur le parapet du quai Pelletier. Là, exposé à tous les outrages des passans qui ne savaient pas respecter le malheur, il feignait d'être mort ; mais lorsqu'il entendit qu'on parlait de le jeter dans la Seine, il s'écria : *Citoyens, un instant, je ne suis pas encore mort.*

Coffinhal, plus ingambe, s'échappa et alla se réfugier dans l'Ile-des-Cignes, où il se cacha et resta deux jours sans manger. La faim le força de se montrer, il fut reconnu et pris.

Hanriot n'eut pas un sort plus heureux. Coffinhal et un autre individu rencontrèrent dans leur fuite ce général, l'accablèrent de reproches sur ce qu'il avait laissé, malgré ses promesses, la maison commune sans défense. Hanriot irrité, lui répondit avec emportement Coffinhal et son compagnon le saisirent et le jetèrent par une fenêtre ; il tomba dans une cour obscure et bourbeuse, espèce d'égoût ; il y resta jusqu'à ce qu'on vînt l'en tirer pour le conduire à la Conciergerie *.

Ainsi, dans peu de minutes, fut renversée cette puissance redoutable ; furent dispersés et anéantis les auteurs de l'affreux régime de la terreur, régime dont ils se disposaient à accroître encore la rigueur.

Vers les deux heures et demie du matin, Robespierre vivant, mais très-blessé dans l'organe de la parole, fut trasporté au comité de salut public, et déposé sur la table de la salle d'audience qui précédait le lieu des séances de ce comité. Une boîte de

* Il semble d'après quelques déclarations que Hanriot, poussé brusquement par Coffinhal sur la rampe d'un petit escalier, fut précipité jusqu'au bas, et se réfugia ensuite dans la petite cour où il fut arrêté.

sapin fut posée sous sa tête et lui servit, en quelque façon, d'oreiller.

Il resta pendant près d'une heure dans un état d'immobilité qui faisait croire qu'il avait cessé d'exister, enfin, vers trois heures du matin, il commença à ouvrir les yeux. Le sang coulait abondamment de la blessure qu'il avait à la mâchoire gauche. On voyait cette mâchoire brisée et sa joue percée d'un coup de feu. Sa chemise était ensanglantée; il n'avait ni chapeau, ni cravatte; ses vêtemens consistaient en un habit bleu ciel, une culotte de nankin, des bas de coton blanc, rabattus jusques sur les talons.

Vers quatre heures du matin, on s'aperçut qu'il tenait dans ses mains un petit sac de peau blanche, sur lequel était écrit : *Au grand monarque. Lecourt, fourbisseur du roi et de ses troupes, rue Saint-Honoré, près celle des Poulies, à Paris ;* et sur le revers du sac : *à M. Archier.* Il se servait de ce sac pour retirer le sang caillé qui sortait de sa bouche. Les citoyens qui l'entouraient observaient tous ses mouvemens ; quelques-uns d'entre eux lui donnèrent même du papier blanc, faute de linge, qu'il employait au même usage, en s'en servant de la main droite et en s'appuyant sur le coude gauche..... Vers six heures du matin, un chirurgien... fut appelé pour le panser. Il lui mit par précaution une clef dans la bouche ; il trouva qu'il avait la mâchoire gauche fracassée ; il lui tira deux ou trois dents, lui banda sa blessure, et fit placer, à côté de lui, une cuvette remplie d'eau...

Au moment où l'on y pensait le moins, il se mit sur son séant, releva ses bas, se glissa subitement en bas de la table et courut se placer dans un fauteuil. A peine assis il demande de l'eau et du linge blanc.

Aussitôt qu'il eut repris connnaissance, pendant qu'il était sur la table et sur le fauteuil, il regarda fixement tous ceux qui l'environnaient, principalement les employés du comité de salut public qu'il reconnaissait ; il levait souvent les yeux au plafond ; mais à quelques mouvemens convulsifs près, on remarqua constamment en lui une grande impassibilité, même dans les instans du pansement qui dut être très-douloureux. Son teint habituellement bilieux, avait la lividité de la mort.

A neuf heures du matin Couthon et un municipal, appelé Gobault, furent apportés sur un brancard jusqu'aux pieds de l'escalier du comité de salut public ; les membres de ce comité ordonnèrent que Robespierre, Couthon et Gobault seraient sur-le-champ transférés à la Conciergerie : ils donnèrent le même ordre à l'égard de Saint-Just et de Dumas, qu'on avait aussi traduit dans ce comité.

Dans l'après-midi du 10 thermidor, vingt-deux personnes, mises hors la loi, dont quatre députés. les deux Robespierre Couton et Saint-Just ; de plus, Hanriot, général ; Lescot Fleuriot, maire de Paris ; *Payan*, agent national de la commune, *Dumas*, président du tribunal révolutionnaire; etc.; conduits sur des charrettes mortuaires à la place de la Révolution, subirent, sur l'échafaud, le supplice auquel ils avaient condamné des milliers de Français.

Les Parisiens, depuis long-temps indifférens pour le spectacle si ordinaire de la décollation par le jeu de la guillotine, dédaignaient de s'y rendre ; les exécutions les plus nombreuses n'attiraient guère plus de trente spectateurs ; tant on était accoutumé à voir ce supplice. Dans ce jour, la vaste place de la Révolution, les quais, les ponts, toutes les rues adjacentes, étaient couverts d'hommes et de femmes, qui faisaient éclater une joie très-déplacée.

Les patiens détrônés apprirent, peut-être pour la première fois, ce que leurs entours et leur espionnage ne leur avaient pas appris, qu'ils étaient les objets de l'exécration d'une immense majorité de la population. Jamais exécution criminelle n'avait attiré une foule si considérable, n'avait causé une allégresse aussi vive, aussi générale.

Le lendemain 11 thermidor, soixante-dix individus, tous membres du conseil-général de la commune, de plus Boulanger et Sijas, furent exécutés comme ceux du jour précédent ; étant hors la loi, on se borna à constater, par témoins, l'identité des personnes, et cette seule formalité précéda leur supplice.

Tel fut le dénouement de ce drame politique, dénouement qui mit fin au régime de la terreur, au règne de la mort, à la plus affreuse, la plus insupportable tyrannie, et qui offre, aux gouvernemens et aux gouvernés, des leçons salutaires dont la raison publique à fait son profit.

Robespierre, principal personnage de ce drame, était dominé par un amour ardent du pouvoir * ; cette passion, chez lui, absorbait toutes les autres. Opiniâtre, persistant dans ses résolutions, sombre, soupçonneux, irascible, il ne pardonna jamais, il se vengea toujours de ceux qui s'étaient permis, une fois, de le contredire. Les affections les plus douces, les passions inhérentes à la nature humaine, l'amitié, l'amour, lui étaient étrangères. Jamais le sourire de la bienveillance ne reposa sur ses lèvres ; la colère seule eut le pouvoir de lui faire répandre des larmes.

*Ce portrait de Robespierre est tracé par M. Dulaure.

Contredit en public, il cherchait, par respect pour lui-même, à contenir les mouvemens de son irritation ; ces mouvemens concentrés n'agissaient que plus profondément dans son âme : on lisait alors sur son visage son trouble intérieur, les témoignages de sa souffrance. Ses muscles se contractaient, ses lèvres s'agitaient en sens divers. Mais lorsqu'il ne pouvait plus se maîtriser, il éclatait contre ses contradicteurs par des injures dont les plus familières étaient celles d'*intrigans*, de *scélérats*.

Entouré d'hommes pervers qui flattaient ses passions et qui en profitaient, il mettait en eux une confiance aveugle, surtout lorsqu'ils s'attaquaient à ceux qu'il n'aimait pas.

Robespierre avait des talens ; mais ses passions lui ôtaient le jugement, faculté la plus précieuse de l'homme, de là tant de fautes, tant de crimes.

FIN DU TOME SIXIÈME.

TABLE

DES MATIÈRES

CONTENUES DANS CE VOLUME.

CHAPITRE I. — Fuite des Girondins. — Toulon se rend aux Anglais. — Siége de Lyon. — Jugement et condamnation de Marie-Antoinette. 1

CHAP. II. — Condamnation et mort des Girondins. — Exécution du duc d'Orléans. 30

CHAP. III. — Lettre de Vergniaud. — Supplice des Girondins. 64

CHAP. IV. — Abjuration du clergé. — Fête de la Raison. — Culte de l'Être-Suprême. 97

VI. 11

Chap. V. — Terreur. — Tentatives d'assassinats sur
Robespierre et Collot-d'Herbois. — Création de
l'École de Mars. —Victoires des armées françaises.
— 9 thermidor.   115

FIN DE LA TABLE.